SUITE DU VOYAGE DE L'AMERIQUE OU DIALOGUES DE MONSIEUR LE BARON DE LAHONTAN ET D'UN SAUVAGE DE L'AMERIQUE.

Contenant une description exacte des mœurs & des coûtumes de ces Peuples Sauvages.

Avec les Voiages du même en Portugal & en Danemark, dans lesquels on trouve des particularitez très curieuses, & qu'on n'avoit point encore remarquées.

Le tout enrichi de Cartes & de Figures.

A AMSTERDAM,
Chez la Veuve de Boeteman.

M. DCC. XXVIII.

PRÉFACE.

JE m'étois tellement flâté de r'entrer dans la grace du Roi de France, avant la déclaration de cette Guerre, que bien loin de penser à l'impression de ces Lettres & de ces Mémoires, je comptois de les jetter au feu, si ce Monarque m'eût fait l'honneur de redonner mes Emplois sous le bon plaisir de Messieurs de *Pontchartrain* pere & fils. C'est cette raison qui m'a fait négliger de les mettre dans l'état où je souhaiterois qu'ils fussent, pour plaire au Lecteur qui se donnera la peine de les lire. Je passai à l'âge de quinze à seize ans en *Canada*, d'où j'eus le soin d'entretenir toûjours un commerce de Lettres avec un vieux Parent, qui avoit exigé de moi des nouvelles de ce Païs-

PRÉFACE.

là, en vertu des assistances qu'il me donnoit annuellement. Ce sont ces mêmes Lettres dont ce Livre est composé. Elles contiennent tout ce qui s'est passé dans ce Païs-là entre les Anglois, les François les *Iroquois, & autres Peuples, depuis l'année 1683. jusqu'en 1694. avec quantité de choses assez curieuses, pour les gens qui connoissent les Colonies des Anglois, ou des François. Le tout est écrit avec beaucoup de fidélité. Car enfin, je dis les choses comme elles sont. Je n'ai flâté, ni épargné-là personne. Je donne aux Iroquois la gloire qu'ils ont aquise en diverses occasions, quoi-que je haïsse ces coquins-là plus que les cornes & les procez. J'atribuë en même-tems aux gens d'Eglise, (malgré la vénération que j'ai pour eux) tous les maux que les Iroquois ont fait aux Colonies Françoises, pendant une guerre, qu'on n'auroit jamais entrepris sans

* Apellés MAHAK par les Anglois de la Nouvelle York.

PRE'FACE.

le conseil de ces pieux Ecclésiastiques.

Après cela, j'avertis le Lecteur que les François ne connoissant les Villes de la *Nouvelle York*, que sous leur ancien nom, j'ai été obligé de me conformer à cela, tant dans ma Rélation, que dans mes Cartes. Ils apellent NIEU-YORK tout le Païs contenu depuis la source de sa Riviere jusqu'à son emboûchure, c'est-à-dire, jusqu'à l'Isle où est située la Ville de *Manathe* (ainsi apellée du tems des Hollandois) & qui est à present apellée des Anglois *Nieu-York* : Les François apellent aussi *Orange* la Plantation d'*Albanie* qui est vers le haut de la Riviere. Outre ceci le Lecteur est prié de ne pas trouver mauvais que les pensées des Sauvages soient habillées à l'Européanne; c'est la faute du Parent à qui j'écrivois car ce bon homme aiant tourné en ridicule la * Harangue métaphorique de la

---
* *Lettre.*

PRÉFACE.

Grand-Gula, il me pria de ne plus traduire à la Lettre un langage si rempli de fictions & d'hiperboles sauvages; c'est ce qui fait que tous les raisonnemens de ces Peuples paroîtront ici selon la diction & le stile des Européans; car aiant obéï à mon Parent, je me suis contenté de garder les copies de ce que je lui écrivois, pendant que j'étois dans le Païs de ces Philosophes nuds. Il est bon d'avertir le Lecteur, en passant, que les gens qui connoissent mes défauts, rendent aussi peu de justice à ces Peuples qu'à moi, lorsqu'ils disent que je suis un Sauvage & que c'est ce qui m'oblige de parler si favorablement de mes confréres. Ces Observateurs me font beaucoup d'honneur, dés qu'ils n'expliquent pas que je suis directement ce que l'idée des Européans attache au mot de *Sauvage*. Car en disant simplement que je suis ce que les Sauvages sont, ils me donnent, sans y penser, le caractére du plus

PRÉFACE.

honnête homme du monde ; puisqu'enfin c'est un fait incontestable, que les Nations qui n'ont point été corrompuës par le voisinage des Européans, n'ont ni *tien* ni *mien*, ni Loix, ni Juges, ni Prêtre ; Personne n'en doute, puisque tous les Voiageurs qui connoissent ce Païs-là, font foi de cette vérité. Tant de gens de diférentes profession l'ont si bien assuré qu'il n'est plus permis d'en douter. Or si cela est, on ne doit faire aucune difficulté de croire que ces Peuples soient si sages & si raisonnables. Il me semble qu'il faut être aveugle pour ne pas voir que la propriété des biens, je ne dis pas celle des femmes, est la seule source de tous les désordres qui troublent la Societé des Européans ; il est facile de juger sur ce pied-là que je ne prête en aucune maniere le bon esprit & la sagesse, qu'on remarque dans les paroles & dans les actions de ces pauvres Amériquains. Si tout le monde étoit aussi bien

PRÉFACE.

fourni de Livre de voiages que le Doctor * *Sloane*, on trouveroit dans plus de cent Rélations de Canada une infinité de raisonnemens Sauvages, incomparablement plus forts que ceux dont il est parlé dans mes Mémoires. Au reste, les personnes qui douteront de l'instinct & du talent des Castors, n'ont qu'à voir la grande Carte de l'Amérique du Sr. de Fer, gravée à Paris en 1698. ils y trouveront des choses surprenantes touchant ces animaux. On m'écrit de *Paris*, que Messieurs de *Pontchartrain* cherchent les moiens de se venger de l'outrage qu'ils disent que je leur ai fait, en publiant dans mon Livre quelques bagatelles que j'aurois dû taire. On m'avertit aussi que j'ai tout lieu de craindre le ressentiment de plusieurs Ecclésiastiques, qui prétendent que j'ai insulté Dieu, en insultant leur conduite. Mais comme je me suis attendu à la fureur des uns & des au-

* *Docteur en Médecine à Londres.*

PRÉFACE.

tres, lorsque j'ai fait imprimer ce livre ; j'ai eu tout le loisir de m'armer de pied en cap, pour leur faire tête. Ce qui me console, c'est que je n'ai rien écrit que je ne puisse prouver autentiquement; outre que je n'ai pû moins dire à leur égard que ce que j'ai dit. Car si j'eusse voulu m'écarter tant soit peu de ma narration, j'aurois fait des digressions où la conduite des uns & des autres auroit semblé porter préjudice au repos & au bien public. J'aurois eu assez de raison pour faire ce coup-là : mais comme j'écrivois à un vieux Cagot de Parent, qui ne se nourrissoit que de dévotion, & qui craignoit les malignes influences de la Cour, il m'exhortoit incessamment à ne lui rien écrire, qui pût choquer les gens d'Eglise & les gens du Roi, de crainte que mes lettres ne fussent interceptées : quoiqu'il en soit, on m'avertit encore de *Paris* qu'on employe des Pédans pour écrire contre moi, & qu'ainsi il faut

PRÉFACE.

que je me prépare à essuyer une grêle d'injures qu'on va faire pleuvoir sur moy, dans quelques jours; mais n'importe, je suis assez bon sorcier pour repousser l'orage du côté de *Paris*. Je me mocque, je feray la guerre à coups de plume, puisque je ne la puis faire à coups d'épée. Ceci soit dit en passant, dans cette Préface au Lecteur, que le Ciel daigne combler de prospéritez, en le préservant d'aucune discussion d'affaire avec la plûpart des Ministres d'Etat ou de l'Evangile; car ils auront toûjours raison, quelque tort qu'ils ayent, jusqu'à ce que l'Anarchie soit introduite chez nous, comme chez les Amériquains, dont le moindre s'estime beaucoup plus qu'un Chancelier de France. Ces peuples sont heureux d'être à l'abri des chicanes de ces Ministres, qui sont toûjours maîtres par tout. J'envie le sort d'un pauvre Sauvage, *qui leges & Sceptra terit*, & je souhaiterois pouvoir passer le

PREFACE.

reste de ma vie dans sa Cabane, afin de n'être plus exposé à fléchir le genou devant des gens, qui sacrifient le bien public à leur intérêt particulier, & qui sont nez pour faire enrager les honnêtes gens. Les deux Ministres d'Etat à qui j'ay affaire, ont été sollicitez en vain par Madame la Duchesse *du Lude*, par Mr. le Cardinal de *Boüillon*, par Mr. le Comte de *Guiscar*, par Mr. de *Quiros*, & par Mr. le Comte *d'Avaux*, rien n'a pû les fléchir, quoique mon affaire ne consiste qu'à n'avoir pas souffert les affronts d'un Gouverneur qu'ils protégent, pendant que cent autres Officiers, qui ont eu des affaires mille fois plus criminelles que la mienne, en ont été quittes pour trois mois d'absence. Quoiqu'il en soit, je trouve dans mes malheurs la consolation de joüir en Angleterre d'une espéce de liberté, dont on ne joüit pas ailleurs ; car on peut dire que c'est l'unique Païs de tous ceux qui sont habitez par des peuples ci-

PREFACE.

vilifez, où cette liberté paroît plus parfaite. Je n'en excepte pas même celle du cœur; étant convaincu que les Anglois la conservent fort précieusement; tant il est vrai que toute sorte d'esclavage est en horreur à ces Peuples, lesquels témoignent leur sagesse par les précautions qu'ils prennent pour s'empêcher de tomber dans une servitude fatale.

AVIS DE L'AUTEUR AU LECTEUR.

DÉS que plusieurs Anglois d'un mérite distingué, à qui la Langue Françoise est aussi familiére que la leur, & divers autres de mes Amis, eurent vû mes Lettres & Mémoires de Canada, ils me témoignérent qu'ils auroient souhaité une plus ample Relation des mœurs & coûtumes des Peuples, ausquels nous avons donné le nom de Sauvages, c'est ce qui m'obligea de faire profiter le Public de ces divers Entretiens, que j'ai eû dans ce Païs-là avec un certain Huron, à qui les François ont donné le nom de Rat: Je me faisois une aplication agréable, lorsque j'étois au Village de cet Amériquain, de receüillir avec soin tous ses raisonnemens. Je ne fus pas plûtôt de retour de mon Voiage des Lacs de Canada, que je fis voir mon Manuscrit à Mr. le Comte de Frontenac, qui fut si ravi de le lire, qu'ensuite il se donna la peine de m'aider à mettre ces Dialogues dans l'état où ils sont. Car ce n'étoit auparavant que des Entretiens interrompus, sans suite & sans liaison. C'est à la sollicitation de ces Gentilshommes Anglois, & autres de mes Amis, que j'ai fait part au Public de bien des Curiositez qui n'ont jamais été écrites auparavant, touchant ces Peuples sauvages. J'ai aussi crû qu'il n'auroit pas desagréable que j'y ajoûtasse des Rélations assez curieuses de deux Voiages que j'ai faits, l'un en Portugal, où je me sauvai de Terre-Neuve, & l'autre en Danemarc. On y trouvera la description de Lisbonne, de Copenhague, & de la Capitale du Roiaume d'Arragon, me réservant à faire imprimer d'autres Voiages que j'ai faits en Europe, lorsque j'aurai le bonheur de pouvoir dire des Véritez sans risque & sans danger.

DIALOGUES
OU ENTRETIENS
ENTRE UN SAUVAGE
ET LE
BARON DE LAHONTAN.

LAHONTAN.

'Est avec beaucoup de plaisir, mon cher Adario, que je veux raisonner avec toi de la plus importante affaire qui soit au Monde, puis qu'il s'agit de te découvrir les grandes véritez du Christianisme.

ADARIO.

Je suis prêt à t'écouter, mon cher Frere, afin de m'éclaircir de tant de choses que les Jésuites nous prêchent depuis long-temps, & je veux que nous parlions ensemble avec autant de liberté que faire se pourra. Si ta Créance est semblable à celle que les Jésuites nous prêchent, il est inutile que nous entrions en conversation ; car ils m'ont débité tant de fables, que tout ce que j'en puis croire, c'est qu'ils ont trop d'esprit pour les croire eux-mêmes.

Je ne sçai pas ce qu'ils t'ont dit, mais je croi que leurs paroles & les miennes se raporteront fort bien les unes aux autres. La Religion Chrétienne est celle que les hommes doivent professer pour aller au Ciel. Dieu a permis qu'on découvrît l'Amérique, voulant sauver tous les peuples, qui suivront les Loix du Christianisme : il a voulu que l'Evangile fût prêchée à ta Nation afin de lui montrer le véritable chemin du Paradis, qui est l'heureux séjour des bonnes Ames. Il est dommage que tu ne veuille pas profiter des graces & des talens que Dieu t'a donné. La vie est courte, nous sommes incertains de l'heure de nôtre mort ; le temps est cher : éclairci-toi donc des grandes Veritez du Christianisme ; afin de l'embrasser au plus vîte, en regrétant les jours que tu as passé dans l'ignorance, sans culte, sans religion, & sans la connoissance du vrai Dieu.

ADARIO.

Comment sans conoissance du vrai Dieu est-ce que tu rêves? Quoi ! tu nous crois sans réligion après avoir demeuré tant de temps avec nous? 1. Ne sais-tu pas que nous reconnoissons un Créateur de l'Univers, sous le nom du grand Esprit ou du Maître de la vie, que nous croions être dans tout ce qui n'a point de bornes. 2. Que nous confessons l'immortalité de l'ame. 3. Que le grand Esprit nous a pourvûs d'une raison capable de discerner le bien d'avec le mal, comme le ciel d'avec la terre, afin que nous suivions exactement les véritables Régles de la justice & de la sagesse. 4. Que la tranquillité d'ame plaît au grand Maître de la vie; qu'au contraire le trouble de l'esprit lui est en horreur, parce que les hommes en deviennent méchans. 5. Que la vie est un songe, & la mort un réveil, après lequel l'ame voit & connoît la nature & la qualité des choses visibles & invinsibles. 6. Que la portée de nôtre esprit ne pouvant s'étendre un pouce au-dessus de la superficie de la terre, nous ne devons pas le gâter ni le corrompre en essaïant de pénétrer les choses invisibles & improbables. Voilà, mon cher Frere, quelle est nôtre Créance, & ce que nous suivons exactement. Nous croions aussi d'aller dans le païs des ames après nôtre mort ; mais nous ne soupçonnons pas, comme vous, qu'il faut nécessairement qu'il y ait des séjours & bons & mauvais après la vie, pour les bonnes ou mauvaises ames, puisque nous ne sçavons pas si ce que nous croions être un mal selon les hommes, l'est aussi selon Dieu ; si vôtre Religion est diférente de la nôtre, cela ne veut pas dire que nous n'en aions point du tout. Tu sçais que j'ai été en France, à la nouvelle York & à Quebec, où j'ai étudié les mœurs & la doctrine des Anglois & des François. Les Jésuites disent que parmi cinq ou six cens sortes des Religions qui sont sur la terre, il n'y en a qu'une seule bonne & véritable, qui est la leur, & sans laquelle nul homme n'échapera d'un feu qui brûlera son ame durant toute l'éternité ; & cependant ils n'en sçauroient donner des preuves.

LAHONTAN.

Ils ont bien raison, Adario, de dire qu'il y en a de mauvaises ; car, sans aller plus loin, ils n'ont qu'à parler de la tienne. Celui qui ne connoît point les véritez de la Religion Chrétienne n'en sçauroit avoir. Tout ce que tu viens de me dire sont des rêveries effroiables. Le Païs des ames dont tu parles, n'est qu'un Païs de chasse chimérique : au lieu que nos saintes Ecritures nous parlent d'un Paradis situé au-dessus des étoiles les plus éloignées, où Dieu séjourne actuellement environné de gloire, au milieu des ames de tous les fidéles Chrétiens. Ces mêmes Ecritures font mention d'un Enfer que nous croions être placé dans le centre de la Terre, où les ames de tous ceux qui n'ont pas embrassé le Christianisme brûleront éternellement sans se consumer, aussi-bien que celles des mauvais Chrétiens. C'est une vérité à laquelle tu devrois songer.

ADARIO.

Ces saintes Ecritures que tu cites à tout moment, comme les Jésuites font, demandent cette grande foi, dont ces bons Peres nous rompent les oreilles; or cette foi ne peut être qu'une persuasion, croire c'est être persuadé, être persuadé c'est voir de ses propres yeux une chose, ou la reconnoître par des preuves claires & solides. Comment donc aurois je cette foi puisque tu ne sçaurois ni me prouver, ni me faire voir la moindre chose de ce que tu dis? Croi-moi, ne jette pas ton esprit dans des obscuritez, cesse de soûtenir les visions des Ecritures saintes, ou bien finissons nos Entretiens. Car, selon nos principes, il faut de la probabilité. Surquoi fondes-tu le destin des bonnes ames qui sont avec le grand Esprit au-dessus des étoiles, ou celui des mauvaises qui brûleront éternellement au centre de la terre? Il faut que tu accuse Dieu de tirannie, si tu crois qu'il ait créé un seul homme pour le rendre éternellement malheureux parmi les feux du centre de cette Terre. Tu diras, sans doute, que les saintes Ecritures prouvent cette grande vérité; mais il faudroit encore, si cela étoit, que la Terre fût éternelle, or les Jésuites le nient, donc le lieu des flâmes doit cesser lorsque la terre sera consumée. D'ailleurs, comment veux-tu que l'ame, qui est un pur esprit, mille fois plus subtil & plus leger que la fumée, tende contre son penchant naturel au centre de cette Terre : Il seroit plus probable qu'elle s'élevât & s'envolât au Soleil, où tu pourrois plus raisonnablement placer ce lieu de feux & de flâmes, puisque cet Astre est plus grand que la Terre, & beaucoup plus ardent.

LAHONTAN.

Ecoute, mon cher Adario, ton aveuglement est extrême, & l'endurcissement de ton cœur te fait rejetter cette foi & ces Ecritures, dont la vérité se découvre aisément, lorsqu'on veut un peu se défaire de ses préjugez. Il ne faut qu'examiner les prophéties qui y sont contenuës, & qui ont été incontestablement écrites avant l'événement. Cette Histoire sainte se confirme par les Auteurs Païens, & par les Monumens les plus anciens & les plus incontestables que les siécles passez puissent fournir. Croi moi, si tu faisois réfléxion sur la maniere dont la Religion de Jesus-Christ s'est établie dans le monde, & sur le changement qu'elle y a aporté, si tu pressois les Caractéres de vérité, de sincérité, & de divinité, qui se remarquent dans ces Ecritures ; en un mot, si tu prenois les parties de nôtre Religion dans le détail, tu verrois & tu sentirois que ses dogmes, que ses préceptes, que ses promesses, que ses menaces, n'ont rien d'absurde, de mauvais, ni d'opofé aux fentimens naturels, & que rien ne s'accorde mieux avec la droite raifon, & avec les fentimens de la confcience.

ADARIO.

Ce font des contes que les Jéfuites m'ont fait déja plus de cent fois ; ils veulent que depuis cinq ou fix mille ans, tout ce qui s'eft paffé, ait été écrit fans altération. Ils commencent à dire la maniere dont la terre & les cieux furent créez ; que l'homme le fût de terre, la femme d'une de fes côtes ; comme fi Dieu ne l'auroit pas faite de la même matiere ; qu'un Serpent tenta cet homme dans un Jardin d'arbres fruitiers, pour lui faire manger d'une pomme, qui eft caufe que le grand Efprit a fait mourir fon Fils exprés pour fauver tous les hommes. Si je difois qu'il eft plus probable que ce font des fables que des véritez, tu me paierois des raifons de ta Bible ; or l'invention de l'Ecriture n'a été trouvée, à ce que tu me dis un jour, que depuis trois mille ans, l'Imprimerie depuis quatre ou cinq fiécles, comment donc s'aſſûrer de tant d'événemens divers pendant plufieurs fiécles ? Il faut aſſûrément être bien crédule pour ajoûter foi à tant de rêveries contenuës dans ce grand Livre que les Chrétiens veulent que nous croïons. J'ai oüi lire des Livres que les Jéfuites ont fait de nôtre Païs. Ceux qui les lifoient me les expliquoient en ma langue, mais j'y ai reconnu vingt menteries les unes sur les autres. Or si nous voions de nos propres yeux des faussetez imprimées & des choses diférentes de ce qu'elles sont sur le papier : comment veux-tu que je croie la sincerité de ces Bibles écrites depuis tant de siécles, traduites de plusieurs langues par des ignorans qui n'en auront pas conçû le véritable sens, ou par des menteurs qui auront changé, augmenté & diminué les paroles qui s'y trouvent aujourd'hui. Je pourrois ajoûter à cela quelques autres dificultez qui, peut-être, à la fin t'engageroient, en quelque maniére d'avoüer que j'ai raison de m'en tenir aux affaires visibles ou probables.

LAHONTAN.

Je t'ai découvert, mon pauvre Adario, les certitudes & les preuves de la Religion Chrétienne, cependant tu ne veux pas les écouter, au contraire tu les regardes comme des chiméres, en alléguant les plus sottes raisons du monde. Tu me cites les faussetez qu'on écrit dans les Rélations que tu as vûës de ton Païs, comme si le Jésuite qui les a faites, n'a pas pû être abusé par ceux qui lui en ont fourni les Mémoires. Il faut que tu considéres, que ces descriptions de Canada sont des bagatelles, qui ne se doivent pas comparer avec les Livres qui traitent des choses Saintes, dont cent Auteurs diferens ont écrit sans se contredire.

ADARIO.

Comment sans se contredire! Hé! quoi ce Livre des choses saintes n'est-il pas plein de contradictions? Ces Evangiles, dont les Jesuites nous parlent, ne causent ils pas un désordre épouventable entre les François & les Anglois? Cependant tout ce qu'ils contiennent vient de la bouche du grand Esprit, si l'on vous en croit. Or, quelle aparence y a-t'il qu'il eût parlé confusément, & qu'il eût donné à ses paroles un sens ambigu, s'il avoit eû envie qu'on l'entendît? De deux choses l'une, s'il est né & mort sur la terre, & qu'il ait harangué, il faut que ses discours aient été perdus, parce qu'il auroit parlé si clairement que les enfans auroient pû concevoir ce qu'il eût dit, ou bien si vous croiez que les Evangiles sont véritablement ses paroles, & qu'il n'y ait rien que du sien, il faut qu'il soit venu porter la guerre dans ce monde au lieu de la paix; ce qui ne sçauroit être.

Les Anglois m'ont dit que leurs Evangiles contiennent les mêmes paroles que ceux des François, il y a pourtant plus de diférence de leur Religion à la vôtre que de la nuit au jour. Ils assûrent que la leur est la meilleure; les Jésuites prêchent le contraire, & disent que celles des Anglois & de mille autres Peuples, ne valent rien. Qui dois-je croire, s'il n'y a qu'une seule véritable religion sur la terre? Qui sont les gens qui n'estiment pas la leur la plus parfaite ? Comment l'homme peut-il être assez habile pour discerner cette unique & divine Religion parmi tant d'autres diférentes ? Croi-moi, mon cher Frere, le grand Esprit est sage, tous ses ouvrages sont accomplis, c'est lui qui nous a faits, il sçait bien ce que nous deviendrons. C'est à nous d'agir librement, sans embarasser nôtre esprit des choses futures. Il t'a fait naître François, afin que tu crusses ce que tu ne vois ni ne conçois ; & il m'a fait naître Huron, afin que je ne crusse que ce que j'entens, & ce que la raison m'enseigne.

LAHONTAN.
La raison t'enseigne à te faire Chrétien, & tu ne le veux pas être ; tu entendrois, si tu voulois, les vérités de nôtre Evangile, tout s'y suit ; rien ne s'y contredit. Les Anglois sont Chrétiens, comme les François ; & s'il y a de la diférence entre ces deux Nations, au sujet de la Religion, ce n'est que par raport à certains passages de l'Ecriture sainte qu'elles expliquent diféremment. Le premier & principal point qui cause tant de disputes, est que les François croient que le Fils de Dieu aiant dit que son corps étoit dans un morceau de pain, il faut croire que cela est vrai, puisqu'il ne sçauroit mentir. Il dit donc à ses Apôtres qu'ils le mangeassent & que ce pain étoit véritablement son corps ; qu'ils fissent incessamment cette cérémonie en com-
mémo-

moration de lui. Ils n'y ont pas manqué; car depuis la mort de ce Dieu fait homme, on fait tous les jours le sacrifice de la Messe, parmi les François, qui ne doutent point de la présence réelle du Fils de Dieu dans ce morceau de pain. Or les Anglois prétendent qu'étant au Ciel, il ne sçauroit être corporellement sur la terre; que les autres paroles qu'il a dit ensuite, & dont la discussion seroit trop étenduë pour toi, les persuadent que ce Dieu n'est que spirituellement dans ce pain. Voilà toute la différence qu'il y a d'eux à nous. Car pour les autres points, ce sont des vetilles, dont nous nous accorderions facilement.

ADARIO.

Tu vois donc bien qu'il y a de la contradiction ou de l'obscurité dans les paroles du Fils du grand Esprit, puisque les Anglois, & vous autres en disputez le sens avec tant de chaleur & d'animosité, & que c'est le principal motif de la haine qu'on remarque entre vos deux Nations. Mais ce n'est pas ce que je veux dire. Ecoute, mon Frere, il faut que les uns & les autres soient foux de croire l'incarnation d'un Dieu, voiant l'ambiguité de ces discours dont vôtre Evangile fait mention. Il y a cinquante choses équivoques qui sont trop grossieres pour être sorties de la bouche d'un Etre aussi parfait. Les Jésuites nous assurent que ce Fils du grand Esprit a dit qu'il veut véritablement que tous les Hommes oient sauvez ; or s'il le veut il faut que cela soit : cependant ils ne le sont pas tous, puisqu'il a dit que *beaucoup étoient apellez & peu élûs*. C'est une contradiction. Ces Peres répondent que Dieu ne veut sauver les Hommes qu'à condition qu'ils le veüillent eux mêmes. Cependant Dieu n'a pas ajoûté cette clause, parce qu'il n'auroit pas alors parlé en Maître. Mais enfin les Jésuites veulent pénétrer dans les secrets de Dieu, & prétendre ce qu'il n'a pas prétendu lui-même, puisqu'il n'a pas établi cette condition. Il en est de même que si le grand Capitaine des François faisoit dire par son Viceroi, qu'il veut que tous les Esclaves de Canada passassent véritablement en France, où il les feroit tous riches, & qu'alors les Esclaves répondissent qu'ils ne veulent pas y aller, parce que ce grand Capitaine ne peut le vouloir qu'à condition qu'ils le voudront. N'est-il pas vrai, mon Frere, qu'on se moqueroit d'eux, & qu'ils seroient ensuite obligez de passer en France malgré leur volonté: tu n'oserois me dire le contraire. Enfin ces mêmes Jésuites m'ont expliqué tant d'autres paroles qui se contredisent, que je m'étonne après cela qu'on puisse les apeller *Ecritures Saintes*. Il est écrit que le premier Homme que le grand Esprit fit de sa propre main, mangea d'un fruit défendu, dont il fut châtié lui & sa Femme, pour être auſſi criminels l'un que l'autre. Supoſons donc que pour une pomme leur punition ait été comme tu voudras, ils ne devoient ſe plaindre que de ce que le grand Eſprit ſçachant qu'ils la mangeroient, il les eût créez pour être malheureux. Venons à leurs enfans qui, ſelon les Jeſuites, ſont envelopez dans cette déroute. Eſt-ce qu'ils ſont coupables de la gourmandiſe de leur Pere & de leur Mére ? Eſt-ce que ſi un Homme tuoit un de vos Rois, on puniroit auſſi toute ſa Génération, peres, meres, oncles, couſins, ſœurs, freres & tous ſes autres parens ? Suppoſons donc que le grand Eſprit, en créant cet Homme, ne ſçût pas ce qu'il dévroit faire après ſa création, ce qui ne peut être, ſuppoſons encore que toute ſa poſterité ſoit complice de ſon Crime, ce qui ſeroit injuſte, ce grand Eſprit n'eſt-il pas, ſelon vos Ecritures, ſi miſericordieux & ſi clément, que ſa bonté pour tout le Genre humain ne peut ſe concevoir ? N'eſt-il pas auſſi grand & ſi puiſſant que ſi tous les eſprits des Hommes qui ſont, qui ont été, & qui ſeront, étoient raſſemblez en un ſeul, il lui ſeroit impoſſible de comprendre la moindre partie de ſa toute-puiſſance. Or, s'il eſt ſi bon & ſi miſericordieux, ne pouvoit-il pas pardonner lui & tous ſes décendans d'une ſeule parole ? Et s'il eſt ſi puiſſant & ſi grand, quelle aparence y a-il qu'un Etre si incompréhensible se fît Homme, vécût en misérable, & mourût en infâme, pour expier le péché d'une vile Créature, autant ou plus au-dessous de lui, qu'une mouche est au-dessous du Soleil & des étoiles? Où est donc cette puissance infinie? A quoi lui serviroit-elle, & quel usage en feroit-il? Pour moi, je soûtiens que c'est douter de l'étenduë incompréhensible de sa toute-puissance & avoir une présomption extravagante de soi-même de croire un avilissement de cette nature.

LAHONTAN.

Ne vois-tu pas, mon cher Adario, que le grand Esprit étant si puissant, & tel que nous l'avons dit, le péché de nôtre premier Pere étoit par conséquent si énorme & si grand qu'on le puisse dépeindre. Par exemple, si j'ofensois un de mes soldats, ce ne seroit rien, mais si je faisois un outrage au Roi, mon ofense seroit achevée, & en même-tems impardonnable. Or Adam outrageant le Roi des Rois, nous sommes ses complices, puisque nous sommes une partie de son ame, & par conséquent, il faloit à Dieu une satisfaction telle que la mort de son propre Fils. Il est bien vrai qu'il nous auroit pû pardonner d'une seule parole, mais par des raisons que j'aurois de la peine à te faire comprendre, il a bien voulu vivre & mourir pour tout le Genre-Humain. J'avouë qu'il est miséricordieux, & qu'il eût pû abſoudre Adam le même jour, car ſa miſéricorde eſt le fondement de toute l'eſperance du ſalut. Mais, s'il n'eût pas pris à cœur le crime de ſa deſobéïſſance, ſa défenſe n'eût été qu'un jeu. Il faudroit qu'il n'eût pas parlé ſérieuſement, & ſur ce pied-là, tout le monde ſeroit en droit de faire tout le mal qu'il voudroit.

ADARIO.

Juſqu'à preſent tu ne prouves rien, & plus j'examine cette prétenduë Incarnation, & moins j'y trouve de vrai-ſemblance. Quoi! ce grand & incompréhenſible Etre & Créateur des Terres, des Mers & du vaſte Firmament, auroit pû s'avilir à demeurer neuf mois priſonnier dans les entrailles d'une Femme, à s'expoſer à la miſérable vie de ſes câmarades pecheurs, qui ont écrit vos Livres d'Evangiles, à être battu, foüetté, & crucifié comme un malheureux? C'eſt ce que mon eſprit ne peut s'imaginer. Il eſt écrit qu'il eſt venu tout exprès ſur la Terre pour y mourir, & cependant il a craint la mort; voilà une contradiction en deux manieres. I. S'il avoit le deſſein de naître pour mourir, il ne devoit pas craindre la mort. Car pourquoi la craint-on? C'eſt parce qu'on n'eſt pas bien aſſûré de ce qu'on deviendra en perdant la vie; or il n'ignoroit pas le lieu où il devoit aller, donc il ne devoit pas être ſi éfraïé. Tu ſçais bien que nous & nos femmes nous nous empoisonnons le plus souvent, pour nous aller tenir compagnie dans le païs des Morts, lorsque l'un ou l'autre meurt ; tu vois donc bien que la perte de la vie ne nous éfarouche pas, quoique nous ne soïons pas bien certains de la route que nos ames prennent. Après cela que me répondras-tu? II. Si le Fils du grand Esprit avoit autant de pouvoir que son Pere, il n'avoit que faire de le prier de lui sauver la vie, puisqu'il pouvoit lui-même se garantir de la mort, & qu'en priant son Pere il se prioit soi-même. Pour moi, mon cher Frere, je ne conçois rien de tout ce que tu veux que je conçoive.

LAHONTAN.
Tu avois bien raison de me dire tout à l'heure, que la portée de ton esprit ne s'étend pas un pouce au-dessus de la superficie de la Terre. Tes raisonnemens le prouvent assez. Après cela, je ne m'étonne pas si les Jésuites ont tant de peine à te prêcher, & à te faire entendre les saintes Veritez. Je suis fou de raisonner avec un Sauvage qui n'est pas capable de distinguer une supposition chimérique d'un principe assûré, ni une consequence bien tirée, d'une fausse. Comme, par exemple, lorsque tu as dit que Dieu vouloit sauver tous les hommes, & que pourtant il y en auroit peu de sauvez, tu as trouvé de la contradiction à cela, cependant, il n'y en a point. Car il veut sauver tous les hommes qui le voudront eux-

mêmes en suivant sa Loi & ses préceptes; ceux qui croiront son Incarnation, la verité des Evangiles, la récompense des bons, le châtiment des méchans & l'éternité. Mais, comme il se trouvera peu de ces gens-là, tous les autres iront brûler éternellement dans ce lieu de feux & de flâmes, dont tu te moques. Prens garde de n'être pas du nombre de ces derniers; j'en serois fâché, parce que je suis ton ami; alors tu ne diras pas que l'Evangile est plein de contradictions & de chiméres. Tu ne demanderas plus de preuves grossiéres de toutes les véritez que je t'ai dit; tu te repentiras bien d'avoir traité nos Evangelistes d'imbéciles Conteurs de fables; mais il n'en sera plus temps; songe à tout ceci, & ne sois pas si obstiné; car, en vérité, si tu ne te rends aux raisons incontestables que je donne sur nos mistéres, je ne parlerai de ma vie avec toi.

ADARIO.

Ha! mon Frere, ne te fâche pas, je ne prétens pas t'offenser en t'opposant les miennes. Je ne t'empêche pas de croire tes Evangiles. Je te prie seulement de me permettre que je puisse douter de tout ce que tu viens de m'expliquer. Il n'est rien de si naturel aux Chrétiens, que d'avoir de la foi pour les saintes Ecritures, parce que dès leur enfance on leur en parle tant, qu'à l'imitation de tant de gens élevez dans la même créance, ils les ont tellement imprimées dans l'imagination, que la raison n'a plus la force d'agir sur leurs esprits déja prévenus de la vérité de ces Evangiles ; il n'est rien de si raisonnable à des gens sans préjugés, comme sont les Hurons, d'examiner les choses de près. Or, après avoir fait bien des réflexions depuis dix années, sur ce que les Jésuites nous disent de la vie & de la mort du Fils du grand Esprit, tous mes Hurons te donneront vingt raisons qui prouveront le contraire : pour moi, j'ai toûjours soûtenu que, s'il étoit possible qu'il eût eu la bassesse de descendre sur terre, il se seroit manifesté à tous les Peuples qui l'habitent. Il seroit descendu en triomphe avec éclat & majesté, à la vûë de quantité de gens. Il auroit ressuscité les morts, rendu la vûë aux aveugles, fait marcher les boiteux, guéri les malades par toute la terre ; enfin, il auroit parlé, & commandé ce qu'il vouloit qu'on fît ; il seroit allé de Nation en Nation faire ces grands miracles pour donner la même Loi à tout le monde ; alors nous n'aurions tous qu'une même Religion, & cette grande uniformité qui se trouveroit par tout, prouveroit à nos descendans d'ici à dix mille ans, la vérité de cette Religion connuë aux quatre coins de la terre, dans une même égalité : au lieu qu'il s'en trouve plus de cinq ou six cens différentes les unes des autres, parmi lesquelles celle des François est l'unique, qui soit bonne, sainte & véritable, suivant ton raisonnement. Enfin, après avoir songé mille fois à toutes ces énigmes que vous apellez mystéres, j'ai crû qu'il falloit être né au-delà du grand Lac, c'est-à-dire être Anglois ou François pour les concevoir. Car dés qu'on me dira que Dieu, dont on ne peut se representer la figure, puisse produire un Fils sous celle d'un homme, je répendrai qu'une femme ne sçauroit produire un Castor, parce que chaque espece dans la nature y produit son semblable. Et si les hommes étoient tous au Diable, avant la venuë du Fils de Dieu, quelle aparence y a-t'il qu'il eût pris la forme des créatures qui étoient au Diable? n'en eût-il pas pris une diférente & plus belle & plus pompeuse? Cela se pouvoit d'autant mieux que la troisiéme Personne de cette Trinité, si incompatible avec l'unité, a pris la forme d'une colombe.

L A H O N T A N.
Tu viens de faire un sistéme sauvage par une profusion de chiméres, qui ne signifie rien. Encore une fois ce seroit en vain que je chercherois à te convaincre par des raisons solides, puisque tu n'es pas capable de les entendre. Je te renvoie aux Jésuites; cependant je te veux faire concevoir une chose fort aisée & qui est de la sphére de ton génie; c'est qu'il ne suffit pas de croire, pour

aller chez le grand Esprit, ces grandes veritez de l'Evangile que tu nies, il faut inviolablement observer les commandemens de la Loi qui y est contenuë, c'est-à dire n'adorer que le grand Esprit seul, ne point travailler les jours de la grande priere, honorer son pere & sa mere, ne point coucher avec les filles, ni même les desirer que pour le mariage, ne tuer ni faire tuër personne, ne dire du mal de ses freres, ni mentir ; ne point toucher aux femmes mariées, ne prendre point le bien de ses freres ; aller à la Messe les jours marquez par les Jésuites, & jeûner certains jours de la Semaine, car tu aurois beau croire tout ce que nous croïons des saintes Ecritures, ces préceptes y étant compris il faut les observer, ou brûler éternellement après la mort.

ADARIO.

Ha ! mon cher Frere, voilà où je t'attendois. Vraiment il y a long-tems que je sçai tout ce que tu me viens d'expliquer à present. C'est ce que je trouve de raisonnable dans ce Livre de l'Evangile, rien n'est plus juste ni plus plausible que ces ordonnances. Tu viens de me dire que si on ne les exécute pas, & qu'on ne suive pas ponctuellement ces commandemens, la créance & la foi des Evangiles, est inutile ; pourquoi donc est-ce que les François le croient en se moquant de ces préceptes ? Voilà une contradiction manifeste. Car I. à l'égard de l'adoration du grand Esprit, je n'en connois aucune marque dans vos actions, & cette adoration ne consiste qu'en paroles pour nous tromper. Par exemple, ne vois-je pas tous les jours que les Marchands disent en trafiquant nos Castors ; *Mes marchandises me coûtent tant, aussi vrai que j'adore Dieu, je perds tant avec toi, vrai comme Dieu est au Ciel.* Mais, je ne vois pas qu'ils lui fassent des sacrifices des meilleures marchandises qu'ils ont, comme nous faisons, lorsque nous les avons achetées d'eux, & que nous les brûlons en leur presence. II. Pour le travail des jours de la grande Priere, je ne conçois pas que vous fassiez de la diférence de ceux-là aux autres, car j'ai vû vingt fois des François qui trafiquoient des pelleteries, qui faisoient des filets, qui joüoient, se quérelloient, se battoient, se souloient, & faisoient cent autres folies. III. Pour la vénération de vos Peres, c'est une chose extraordinaire parmi vous de suivre leurs conseils ; vous les laissez mourir de faim, vous vous séparez d'eux, vous faites cabane à part ; vous êtes toûjours prêts à leur demander & jamais à leur donner ; & si vous esperez quelque chose d'eux vous leur souhaitez la mort ou du moins vous l'attendez avec impatience. IV. Pour la continence envers le sexe, qui sont ceux parmi vous, à la réserve des Jésuites, qui l'aient jamais gardée ? Ne voions-nous pas tous les jours vos jeunes gens poursuivre nos filles & nos femmes jusques dans les champs, pour les séduire par des presens, courir toutes les nuits de Cabane en Cabane dans nôtre Village pour les débaucher, & ne sçais-tu par toi-même combien d'affaires se sont passées parmi tes propres soldats ? V. A l'égard de meurtre, il est si ordinaire parmi vous, il est si fréquent, que pour la moindre chose, vous mettez l'épée à la main, & vous vous tuez. Quand j'étois à Paris, on y trouvoit toutes les nuits des gens percez de coups; & sur les chemins delà à la Rochelle, on me dit qu'il faloit que je prisse bien garde de perdre la vie. VI. Ne dire du mal de ses freres, ni mentir, sont des choses dont vous vous abstiendriez moins que de boire & de manger, je n'ai jamais oüi parler quatre François ensemble sans dire du mal de quelqu'un, & si tu sçavois ce que j'ai entendu publier du Vice-roi, de l'Intendant, des Jésuites, & de mille gens que tu connois, & peut-être de toi-même, tu verrois bien que les François se sçavent déchirer de la belle maniere. Pour mentir, je soûtiens qu'il n'y a pas un Marchand ici qui ne dise vingt menteries pour nous vendre la valeur d'un Castor de marchandise, sans conter celles qu'ils disent pour difamer leurs camarades. VII. Ne point toucher aux femmes mariées, il ne faut que vous entendre parler quand vous avez un peu bû, on peut aprendre sur cette matiere bien des histoires, on n'a qu'à compter les enfans que les femmes des Coureurs de bois sçavent faire pendant l'absence de leurs Maris. VIII. Ne point prendre le bien d'autrui : Combien de vols n'as-tu pas vû faire depuis que tu es ici entre les Coureurs de bois qui y sont ? N'en a-t-on pas pris sur le fait, n'en a-t-on pas châtié ? N'est ce pas une chose ordinaire dans vos Villes, peut-on marcher la nuit en sûreté, ni laisser ses portes ouvertes ? IX. Aller à vôtre Messe pour prêter l'oreille aux paroles d'une langue qu'on n'entend pas; il est vrai que le plus souvent les François y vont, mais c'est pour y songer à toute autre chose qu'à la priere. A Québec les Hommes y vont pour voir les Femmes, & celles-ci pour voir les Hommes: J'en ai vû qui se font porter des Cousins, de peur de gâter leurs bas & leurs jupes, elles s'asséient sur leurs talons, elles tirent un Livre d'un grand sac, elles le tiennent ouvert en regardant plûtôt les Hommes qui leur plaisent, que les prieres qui sont dedans. La plûpart des François y prennent du tabac en poudre, y parlent, y rient & chantent plûtôt par divertissement que par dévotion. Et qui pis est, je sçai que pendant le tems de cette priere plusieurs Femmes & filles en profitent pour leurs galanteries, demeurant seules dans leurs maisons. A l'égard de vôtre jeûne, il est plaisant. Vous mangez de toute sorte de poisson à crever, des œufs, & mille autres choses, & vous apellez cela jeûner ? Enfin, mon cher Frere, vous autres François prétendez tous tant que vous êtes avoir de la foi, & vous êtes des incrédules, vous voulez passer pour sages, & vous êtes foux, vous vous croiez des gens d'esprit, & vous êtes de présomptueux ignorans.

LAHONTAN.

Cette Conclusion, mon cher Ami, est un peu Hurone, en décidant de tous les François en général; si cela étoit, aucun d'eux n'iroit en paradis; or nous sçavons qu'il y a des millions de bienheureux que nous apellons des Saints, & dont tu vois les Images dans nos Eglises. Il est bien vrai que peu de François ont cette véritable foi, qui est l'unique principe de la pieté; plusieurs font profession de croire les véritez de nôtre Religion, mais cette créance n'est ni assez forte, ni assez vive en eux. J'avoüe que la plûpart connoissans les Véritez Divines, & faisant profession de les croire, agissent tout au contraire de ce que la Foi & la Religion ordonnent. Je ne sçaurois nier la contradiction que tu as remarquée. Mais il faut considérer que les hommes péchent quelquefois contre les lumiéres de leur conscience, & qu'il y a des gens bien instruits qui vivent mal. Cela peut arriver ou par le défaut d'attention, ou par la force de leurs passions, par leurs attachemens aux intérêts temporels : l'homme corrompu comme il est, est emporté vers le mal par tant d'endroits, & par un penchant si fort, qu'à moins de nécessité absoluë, il est difficile qu'il y renonce.

ADARIO.

Quand tu parles de l'homme, dis l'homme François ; car tu sçais bien que ces passions, cet intérêt, & cette corruption, dont tu parles, ne sont pas connuës chez nous. Or ce n'est pas-là ce que je veux dire : écoute, mon Frere, j'ai parlé très-souvent à des François sur tous les vices qui régnent parmi eux, & quand je leur ai fait voir qu'ils n'observoient nullement les loix de leur Religion, ils m'ont avoüé qu'il étoit vrai, qu'ils le voioient & qu'ils le connoissoient parfaitement bien, mais qu'il leur étoit impossible de les observer. Je leur ai demandé s'ils ne croioient pas que leurs ames brûleroient éternellement : ils m'ont répondu que la misericorde de Dieu est si grande, que quiconque a de la confiance en sa bonté, sera pardonné ; que l'Evangile est une Alliance de grace dans laquelle Dieu s'accommode à l'état & à la foiblesse de l'Homme qui est tenté par tant d'attraits violens si fréquemment qu'il est obligé de succomber ; & qu'enfin ce Monde étant le lieu de la corruption, il n'y aura de la pureté dans l'homme corrompu si ce n'est dans le Païs de Dieu. Voilà une Morale moins rigide que celles des Jésuites; lesquels nous envoient en Enfer pour une bagatelle. Ces François ont raison de dire qu'il est impossible d'observer cette Loi, pendant que *le Tien*, & *le Mien*, subsistera parmi vous autres. C'est un fait aisé à prouver par l'exemple de tous les Sauvages de Canada; puisque malgré leur pauvreté ils sont plus riches que vous, à qui *le Tien & le Mien* fait commettre toutes sortes de Crimes.

LAHONTAN.

J'avouë, mon cher Frere, que tu as raison, & je ne sçaurois me lasser d'admirer l'innocence de tous les Peuples sauvages. C'est ce qui fait que je souhaiterois de tout mon cœur qu'ils connussent la sainteté de nos Ecritures, c'est-à-dire cet Evangile dont nous avons tant parlé, il ne leur manqueroit autre chose que cela pour rendre leurs ames éternellement bien-heureuses. Vous vivez tous si moralement bien que vous n'auriez qu'une seule difficulté à surmonter pour aller en Paradis; c'est la fornication parmi les gens libres de l'un & de l'autre Sexe, & la liberté qu'ont les hommes & les femmes de rompre leurs mariages, pour changer réciproquement & s'accommoder au choix de nouvelles personnes; car le grand Esprit a dit que la mort ou l'adultére pouvoient seuls rompre ce lien indissoluble.

ADARIO

Nous parlerons une autrefois de ce grand obstacle que tu trouves à nôtre salut, avec plus d'attention ; cependant je me contenterai de te donner une seule raison sur l'un de ces deux points, c'est de la liberté des Filles & des Garçons. Premiérement un jeune Guerrier ne veut point s'engager à prendre une femme qu'il n'ait fait quelque campagne contre les Iroquois, pris des esclaves pour le servir à son village, à la chasse, & à la pêche, & qu'il ne sçache parfaitement bien chasser & pêcher ; d'ailleurs, il ne veut pas s'énerver par le fréquent exercice de l'acte vénérien, dans le tems que sa force lui permet de servir sa Nation contre ses Ennemis : outre qu'il ne veut pas exposer une femme & des enfans à la douleur de le voir tué ou pris. Or, comme il est impossible qu'un jeune homme puisse se contenir totalement sur cette matiere, il ne faut pas trouver mauvais que les Garçons une ou deux fois le mois, recherchent la compagnie des Filles, & que ces Filles souffrent celle des Garçons ; sans cela, nos jeunes gens en seroient extrêmement incommodez, comme l'exemple l'a fait voir envers plusieurs, qui, pour mieux courir, avoient gardé la continence ; & d'ailleurs nos Filles auroient la bassesse de se donner à nos Esclaves.

LAHONTAN.

Crois-moi, mon cher Ami, Dieu ne se

paie pas de ces raisons-là, il veut qu'on se marie, ou qu'on n'ait aucun commerce avec le Sexe. Car pour une seule pensée amoureuse, un seul desir, une simple volonté de contenter sa passion brutale, il faut brûler éternellement. Et quand tu trouve de l'impossibilité dans la Continence, tu donnes un démenti à Dieu, car il n'a ordonné que des choses possibles. On peut se modérer quand on le veut ; il ne faut que le vouloir. Tout homme qui croit en Dieu doit suivre ces préceptes, comme nous avons dit. On résiste à la tentation par le secours de sa grace qui ne nous manque jamais. Voi, par exemple, les Jésuites, crois-tu qu'ils ne soient pas tentez, quand ils voient de belles filles dans ton Village ? Sans contredit ils le sont ; mais ils apellent Dieu à leur secours ; ils passent leur vie, aussi-bien que nos Prêtres, sans se marier, ni sans avoir aucun commerce criminel avec le Sexe. C'est une promesse solemnelle qu'ils font à Dieu, quand ils endossent l'habit noir. Ils combatent toute leur vie les tentations ; il se faut faire de la violence pour gagner le Ciel : il faut fuïr les occasions de peur de tomber dans le péché. On ne sçauroit mieux les éviter qu'en se jettant dans les Cloîtres.

ADARIO.

Je ne voudrois pas pour dix Castors être obligé de garder le silence sur cette matière.

Premiérement ces gens-là font un crime en jurant la Continence ; car Dieu aiant créé autant d'hommes, que de femmes, il a voulu que les uns & les autres travaillassent à la propagation du genre humain. Toutes choses multiplient dans la Nature, les Bois, les Plantes, les Oiseaux, les Animaux & les Insectes. C'est une leçon qu'ils nous donnent tous les ans. Et les gens qui ne le font pas ainsi sont inutiles au monde, ne sont bons que pour eux-mêmes, & ils volent à la terre le bled qu'elle leur donne, puisqu'ils n'en font aucun usage, selon vos principes. Ils font un second crime quand ils violent leur serment, ce qui leur est assez ordinaire ; car ils se mocquent de la parole & de la foi qu'ils ont donnée au grand Esprit. En voici un troisiéme qui en améne un quatriéme, dans le commerce qu'ils ont, soit avec les filles, ou avec les femmes. Si c'est avec les filles, il est constant qu'ils leur ôtent en les déflorant ce qu'ils ne sçauroient jamais leur rendre, c'est-à-dire cette fleur que les François veulent cüeillir eux-mêmes, quand ils se marient, & laquelle ils estiment un trésor dont le vol est un des grands crimes qu'ils puissent faire. En voilà déja un, & l'autre est que pour les garantir de la grossesse, ils prennent des précautions abominables en faisant l'ouvrage à demi ; si c'est avec les femmes, ils sont responsables de l'adultére & du mauvais ménage qu'elles font avec leurs maris. Et de plus les enfans qui en proviennent sont des voleurs qui vivent aux dépens de leurs demi-freres. Le cinquiéme crime qu'ils commettent, consiste dans les voies illégitimes & profanes dont ils se servent pour assouvir leur passion brutale: car comme ce sont eux qui prêchent vôtre Evangile ils leur font entendre en particulier, une explication bien diférente de celle qu'ils débitent en public, sans quoi ils ne pourroient pas autoriser leur libertinage, qui passe pour crime selon vous autres. Tu vois bien que je parle juste, & que j'ai vû en France ces bons Prêtres noirs ne pas cacher leurs visages avec leurs chapeaux quand ils voient les femmes. Encore une fois, mon cher Frere, il est impossible de se passer d'elles à un certain âge, encore moins de n'y pas penser. Toute cette résistance, ces efforts dont tu parles, sont des comptes à dormir debout. De même cette occasion que tu prétens qu'on évite en s'enfermant dans le Couvent, pourquoi souffre-t'on que les jeunes Prêtres ou Moines confessent des filles & des femmes? Est-ce fuïr les occasions? n'est-ce pas plûtôt les chercher? Qui est l'homme au monde qui peut entendre certaines galanteries dans les Confession aux sans être hors de soi-même? Sur-tout des gens sains, jeunes & robustes qui ne travaillent point, & ne mangent que des viandes nourrissantes, assaisonnées de cent drogues, qui échauffent assez le sang sans autre provocation. Pour moi je m'étonne après cela qu'il y ait un seul Eclésiastique qui aille dans ce Paradis du grand Esprit, & tu oses me soûtenir que ces gens-là se font Moines & Prêtres pour éviter le peché, pendant qu'il sont adonnez à toutes sortes de vices? Je sçai par d'habiles François que ceux d'entre vous qui se font Prêtres ou Moines ne songent qu'à vivre à leur aise, sans travail, sans inquiétude, de peur de mourir de faim, ou d'aller à l'Armée. Pour bien faire il faudroit que tous ces gens-là se mariassent, & qu'il demeurassent chacun dans leur ménage; où tout au moins ne recevoir de Prêtres ou de Moines au-dessous de l'âge de 60. ans. Alors ils pourroient confesser, prêcher, visiter sans scrupule les familles, par leur exemple édifier tout le monde: Alors, dis-je, ils ne pourroient séduire ni femmes ni filles. Ils seroient sages, modérez, considérez par leur vieillesse & par leur conduite, & la Nation n'y perdroit rien, puisqu'à cet âge-là on est hors d'état de faire la guerre.

LAHONTAN.

Je t'ai déja dit une fois qu'il ne falloit pas comprendre tout le monde en des choses ou très-peu de gens ont part. Il est vrai qu'il y en peut avoir quelques-uns qui ne se font Moines ou Prêtres que pour subsister commodément, & qui abandonnant les devoirs de leur

Ministére, se contentent d'en tirer les revenus. J'avouë qu'il y en a d'ivrognes, de violens & d'emportés dans leurs actions & dans leurs paroles ; qu'il s'en trouve d'une avarice sordide, & d'un attachement extrême à leur intérêt ; d'orgueilleux, d'implacables dans leurs haines, de paillards, de débauchez, de jureurs, d'hipocrites, d'ignorans, de mondains, de médisans, &c. mais le nombre en est très-petit, parce qu'on ne reçoit dans l'Eglise que des gens sages dont on soit bien assûré, on les éprouve, & on tâche de connoître le fond de leur ame avant que de les y admettre. Néanmoins, quelque précaution qu'on prenne, il ne se peut faire qu'on n'y soit trompé quelquefois ; c'est pourtant un malheur, car lorsque ces vices paroissent dans la conduite de ces gens-là, c'est assûrément le plus grand des scandales ; dés-là les paroles saintes se salissent dans leur bouche, les Loix de Dieu sont méprisées, les choses divines ne sont plus respectées ; le Ministére s'avilit, la Religion en général tombe dans le mépris ; & le Peuple n'étant plus retenu par le respect que l'on doit avoir pour la Religion, se donne une entiere licence. Mais il faut que tu sçaches que nous nous réglons plûtôt par la doctrine que par l'exemple de ces indignes Ecclésiastiques. Nous ne faisons pas comme vous autres, qui n'avez pas le discernement & la fermeté necessaires pour sçavoir ainsi séparer la doctrine d'avec l'exemple, & pour n'être pas ébranlez par les scandales que donnent ceux que tu as vû à Paris, dont la vie & la prédication ne s'accordent pas. Enfin tout ce que j'ai à te dire, c'est que le Pape recommandant expressement à nos Evêques de ne conférer à aucun Sujet indigne les Ordres Ecclésiastiques, ils prennent bien garde à ce qu'ils font, & ils tâchent en même-tems de ramener à leur devoir ceux qui s'en écartent.

ADARIO.

C'est quelque chose d'étrange que depuis que nous parlons ensemble, tu ne me répondes que superficiellement sur toutes les objections que je t'ai fait; je voi que tu cherches des détours, & que tu t'éloignes toûjours du sujet de mes questions. Mais à propos du Pape, il faut que tu sçaches qu'un Anglois me disoit un jour à la *Nieu-York*, que c'étoit comme nous un homme, mais un homme qui envoioit en enfer tous ceux qu'il excommunioit, qu'il faisoit sortir d'un second lieu de flâmes, que tu as oublié, tous ceux qu'il vouloit, & qu'il ouvroit les portes du Païs du grand Esprit à qui bon lui sembloit, parce qu'il avoit les clefs de ce bon Païs-là; si cela est, tous ses amis dévroient donc se tuër quand il meurt, pour se trouver à l'ouverture des portes en sa compagnie; & s'il a le pouvoir d'envoier les ames dans le feu éternel, il est dangereux d'être de ses ennemis. Ce même Anglois ajoûtoit que cette grande autorité ne s'étendoit nullement sur la Nation Angloise, & qu'on se moquoit de lui en Angleterre. Dis-moi, je te prie, s'il a dit la vérité.

LAHONTAN.

Il y auroit tant de choses à raconter sur cette question, qu'il me faudroit quinze jours pour te les expliquer. Les Jésuites te les distingueront mieux que moi. Néanmoins je puis te dire en passant que l'Anglois railloit en disant quelques véritez. Il avoit raison de te persuader que les gens de sa Religion ne demandent pas au Pape le chemin du Ciel, puisque cette foi vive, dont nous avons tant parlé, les y conduit en disant des injures à ce saint homme. Le fils de Dieu veut les sauver tous par son sang & par ses mérites; or s'il le veut, il faut que cela soit. Ainsi, tu vois bien qu'ils sont plus heureux que les François dont ce Dieu exige de bonnes œuvres qu'ils ne font guéres. Sur ce pied-là nous allons en enfer, si nous contrevenons par nos méchantes actions au commandement de Dieu dont nous avons parlé, quoique nous aions la même foi qu'eux. A l'égard du second lieu de flâmes, dont tu parles, & que nous apellons le Purgatoire, ils sont exempts d'y passer, car ils aimeroient mieux vivre éternellement sur la terre, sans jamais aller en Paradis, que

de

de brûler des milliers d'années chemin faisant. Ils sont si délicats sur le point d'honneur, qu'ils n'accepteroient jamais de presens au prix de quelques baſtonnades. On ne fait pas, selon eux, une grace à un homme lorſqu'on le maltraite en lui donnant de l'argent, c'eſt plûtôt une injure. Mais les François, qui ſont moins ſcrupuleux que les Anglois, tiennent pour une grande faveur, celle de brûler une infinité de ſiécles dans ce Purgatoire, parce qu'ils connoiſſent mieux le prix du Ciel.

Or comme le Pape eſt leur Créancier, & qu'il leur demande la reſtitution de ſes biens, ils n'ont garde de lui demander ſes pardons, c'eſt-à-dire un paſſeport pour aller en Paradis, ſans paſſer en Purgatoire; car il leur donneroit plûtôt pour aller à cet enfer, qu'ils prétendent n'avoir jamais été fait pour eux. Mais nous autres François qui lui faiſons une rente aſſez belle, par la connoiſſance que nous avons de ſon pouvoir extrême, & des péchez que nous commettons tous contre Dieu, il faut de néceſſité que nous aions recours aux indulgences de ce ſaint homme, pour en obtenir un pardon qu'il a pouvoir de nous accorder; & tel parmi nous qui ſeroit condamné à quarante mille ans de Purgatoire, avant que d'aller au Ciel, peut en être quitte pour une ſeule parole du Pape. Les Jéſuites, comme je te l'ai déja dit, t'expliqueront à merveilles le pouvoir du Pape, & l'état du Purgatoire.

Tome III. C

ADARIO.

La diférence que je trouve entre vôtre créance, & celle des Anglois, embarasse si fort mon esprit, que plus je cherche à m'éclaircir, & moins je trouve de lumieres. Vous feriez mieux de dire tous tant que vous êtes, que le grand Esprit a donné des lumiéres sufisantes à tous les hommes pour connoître ce qu'ils doivent croire & ce qu'ils doivent faire, sans se tromper. Car j'ai oüi dire que parmi chacune de ces Religions diférentes, il s'y trouve un nombre de gens de diverses opinions ; comme, par exemple, dans la vôtre chaque Ordre Religieux soûtient certains points diférens des autres, & se conduit aussi diversement en ses Instituts qu'en ses habits, cela me fait croire qu'en Europe chacun se fait une Religion à sa mode, diférente de celle dont il fait profession extérieure. Pour moi, je croi que les hommes sont dans l'impuissance de connoître ce que le grand Esprit demande d'eux, & je ne puis m'empêcher de croire que ce grand Esprit étant aussi juste & aussi bon qu'il l'est, sa justice ait pû rendre le salut des hommes si dificile, qu'ils seront tous damnez hors de vôtre religion, & que même peu de ceux qui la professent iront dans ce grand Paradis. Crois-moi, les affaires de l'autre monde sont bien diférentes de celles ci. Peu de gens sçavent ce qui s'y passe. Ce que nous sçavons c'est que nous autres Hurons ne sommes pas les auteurs de nôtre création ; que le grand Esprit nous a fait honnêtes gens, en vous faisant des scélerats qu'il envoie sur nos Terres, pour corriger nos défauts & suivre nôtre exemple. Ainsi, mon Frére, croi tout ce que tu voudras, aie tant de foi qu'il te plaira, tu n'iras jamais dans le bon païs des Ames si tu ne te fais Huron. L'innocence de nôtre vie, l'amour que nous avons pour nos freres, la tranquillité d'ame dont nous joüissons par le mépris de l'intérêt, sont trois choses que le grand Esprit exige de tous les hommes en général. Nous les pratiquons naturellement dans nos Villages, pendant que les Européans se déchirent, se volent, se diffament, se tuent dans leurs Villes, eux qui voulant aller au païs des Ames ne songent jamais à leur Créateur, que lorsqu'ils en parlent avec les Hurons. Adieu, mon cher Frere, il se fait tard ; je me retire dans ma Cabane pour songer à tout ce que tu m'as dit, afin que je m'en ressouvienne demain, lorsque nous raisonnerons avec le Jésuite.

DES LOIX.

LAHONTAN.

Eh bien ! mon Ami, tu as entendu le Jésuite, il t'a parlé clair, il t'a bien mieux expliqué les choses que moi. Tu vois bien qu'il y a de la diférence de ses raisonnemens aux miens. Nous autres gens de guerre ne sçavons que superficiellement nôtre religion, qui est pourtant une science que nous dévrions sçavoir le mieux: mais les Jésuites la possédent à tel point, qu'ils ne manquent jamais de convaincre les Peuples de la Terre les plus incrédules & les plus obstinez.

ADARIO.

A te parler franchement, mon cher Frere, je n'ai pû concevoir quasi rien de ce qu'il m'a dit, & je suis fort trompé s'il l'a compris lui-même. Il m'a dit cent fois les mêmes choses dans ma Cabane, & tu as bien pû remarquer que je lui répondis vingt fois hier, que j'avois déja entendu ses raisonnemens à diverses reprises. Ce que je trouve encore de ridicule, c'est qu'il me persecute à tout moment de les expliquer mot pour mot aux gens de ma Nation, parce que, dit-il, aiant de l'esprit, je puis trouver des termes assez expressifs dans ma Langue, pour rendre le sens de ses paroles plus intelligible que lui, à qui le langage Huron n'est pas assez bien connu. Tu as bien vû que je lui ai dit qu'il pouvoit baptiser tous les enfans qu'il voudroit, quoiqu'il n'ait sçû me faire entendre ce que c'est que le bâtême. Qu'il fasse tout ce qu'il voudra dans mon Village, qu'il y fasse des Chrétiens, qu'il prêche, qu'il baptise, je ne l'en empêche pas. C'est assez parler de Religion, venons à ce que vous apellez *les Loix* ; c'est un mot comme tu sçais que nous ignorons dans nôtre langue ; mais j'en connois la force & l'expression, par l'explication que tu me donnas l'autre jour, avec les exemples que tu ajoûtas pour me le faire mieux concevoir. Dis-moi, je te prie, les Loix, n'est-ce pas dire les choses justes & raisonnables ? Tu dis qu'oüi; & bien, observer les Loix c'est donc observer les choses justes & raisonnables. Si cela, il faut que vous preniez ces choses justes & raisonnables dans un autre sens que nous, ou que, si vous les entendez de même, vous ne les suiviez jamais.

LAHONTAN.

Vraiment tu fais-là de beaux contes & de belles distinctions ! est-ce que tu n'as pas l'esprit de concevoir depuis 20. ans, que ce qui s'apelle raison, parmi les Hurons, est aussi raison parmi les François ? Il est bien sûr que tout le monde n'observe pas ces Loix, car si on les observoit, nous n'aurions que faire de châtier personne; alors ces Juges que tu as vûs à Paris & à Quebec, feroient obligez de chercher à vivre par d'autres voies. Mais comme le bien de la société consiste dans la justice & dans l'observance de ces Loix, il faut châtier les méchans & récompenser les bons; sans cela tout le monde s'égorgeroit, on se pilleroit, on se diffameroit ; en un mot, nous serions les gens du monde les plus malheureux.

Vous l'êtes assez déja, je ne conçois pas que vous puissiez l'être davantage. O ! quel genre d'hommes sont les Européans ! O quelle sorte de créatures ! qui font le bien par force, & n'évitent à faire le mal que par la la crainte des châtimens ? Si je te demandois ce que c'est qu'un homme, tu me répondrois que c'est un François, & moi je te prouverai que c'est plûtôt un Castor ; car un homme n'est pas homme à cause qu'il est planté droit sur ses deux pieds, qu'il sçait lire & écrire, & qu'il a mille autres industries. J'apelle un homme celui qui a un penchant naturel à faire le bien & qui ne songe jamais à faire du mal. Tu vois bien que nous n'avons point des Juges ; pourquoi ? parce que nous n'avons point de querelles ni de procès. Mais pourquoi n'avons-nous pas de procès ? C'est parce que nous ne voulons point recevoir ni connoître l'argent. Pourquoi est-ce que nous ne voulons pas admettre cet argent ? c'est parce que nous ne voulons pas de loix, & que depuis que le monde est monde nos Peres ont vécu sans cela. Au reste, il est faux, comme je l'ai déja dit, que le mot de Loix signifie parmi vous les choses justes & raisonnables, puisque les riches s'en moquent & qu'il n'y a que les malheureux qui les suivent. Venons donc à ces loix ou choses raisonnables. Il y a cinquante ans que les Gouverneurs de Canada prétendent que nous soïons sous les Loix de leur grand Capitaine. Nous nous contentons de nier nôtre dépendance de tout autre que du grand Esprit ; nous sommes nez libres & freres unis, aussi grands Maîtres les uns que les autres; au lieu que vous êtes tous des esclaves d'un seul homme. Si nous ne répondons pas que nous prétendons que tous les François dépendent de nous, c'est que nous voulons éviter des quérelles. Car sur quels droits & sur quelle autorité fondent-ils cette prétention ? Est-ce que nous nous sommes vendus à ce grand Capitaine ? Avons-nous été en France vous chercher ? C'est vous qui êtes venus ici nous trouver. Qui vous a donné tous les païs que vous habitez ? De quel droit les possédez-vous ? Ils apartiennent aux *Algonkins* depuis toûjours. Ma foi, mon cher Frere, je te plains dans l'ame ; croi-moi, fais-toi Huron ; car je voi la diférence de ma condition à la tienne. Je suis maître de mon corps, je dispose de moi-même, je fais ce que je veux, je suis le premier & le dernier de ma Nation ; je ne crains personne, & ne dépends uniquement que du grand Esprit. Au lieu que ton corps & ta vie dépend de ton grand Capitaine, son Viceroi dispose de toi, tu ne fais pas ce que tu veux, tu crains voleurs, faux témoins, assassins, &c. Tu dépends de mille gens que les Emplois ont mis au-dessus de toi. Est-il vrai ou non ? sont-ce des choses improbables & invisibles ? Ha ! mon cher Frere, tu vois bien que j'ai raison ; cependant tu aimes encore mieux être Esclave François, que libre Huron ; O le bel homme qu'un François avec ses belles Loix, qui croiant être bien sage est assûrément bien fou ! puisqu'il demeure dans l'esclavage & dans la dépendance, pendant que les animaux mêmes joüissant de cette adorable liberté, ne craignent, comme nous, que des ennemis étrangers.

LAHONTAN.

En vérité, mon ami, tes raisonnemens sont aussi sauvages que toi. Je ne conçoi pas qu'un homme d'esprit & qui a été en France & à la Nouvelle Angleterre puisse parler de la sorte. Que te sert-il d'avoir vû nos Villes, nos Forteresses, nos Palais, nos Arts, nôtre industrie & nos plaisirs ? Et quand tu parles de Loix séveres, d'esclavage, & de mille autres sottises, il est sûr que tu prêches contre ton sentiment. Il te fait beau voir me citer la felicité des Hurons, d'un tas de gens qui ne font que boire, manger, dormir, chasser, pêcher, qui n'ont aucune commodité de la vie, qui font quatre cens lieuës à pied pour aller assommer quatre Iroquois ; en un mot, des hommes qui n'en ont que la figure. Au lieu que nous avons nos aises, nos commoditez, & mille plaisirs, qui font trouver les momens de la vie suportables, il ne faut qu'être honnête homme & ne faire de mal à perſonne, pour n'être pas expoſé à ces Loix, qui ne ſont ſévéres qu'envers les ſcélerats & les méchans.

ADARIO.

Vraîment, mon cher Frere, tu aurois beau être honnête homme, ſi deux faux témoins avoient juré ta perte, tu verrois bien ſi les Loix ſont ſévéres ou non. Eſt-ce que les coureurs de bois ne m'ont pas cité vingt exemples de gens innocens que vos Loix ont fait mourir cruellement, & dont on n'a reconnu l'innocence qu'après leur mort. Je ne ſçai pas ſi cela eſt vrai; mais je vois bien que cela peut être. Ne m'ont-ils pas dit encore, quoique je l'euſſe oüi conter en France, qu'on fait ſouffrir des tourmens épouventables à de pauvres innocens, pour leur faire avoüer, par la violence des tortures, tout le mal qu'on veut qu'ils aient fait, & dix fois d'avantage. O quelle tirannie exécrable! Cependant les François prétendent être des hommes. Les femmes ne ſont pas plus exemptes de cette horrible cruauté, & les uns & les autres aiment mieux mourir une fois, que cinquante; ils ont raiſon. Que ſi, par une force de courage extraordinaire, ils peuvent ſouffrir ces tourmens, ſans avoüer ce crime qu'ils n'ont pas commis; quelle ſanté, quelle vie leur en reſte-t'il? Non, non, mon cher Frere, les Diables noirs, dont les Jéſuites nous parlent tant, ne ſont pas dans le Païs où les ames brûlent; ils ſont à Quebec & en France, avec les Loix, les faux témoins, les commoditez de la vie, les Villes, les Forteresses, & les plaisirs dont tu me viens de parler.

LAHONTAN.

Les Coureurs de Bois, & les autres qui t'ont fait de semblables contes, sans te raconter sur cela ce qu'ils ne connoissoient pas, sont des sots qui feroient mieux de se taire. Je veux t'expliquer l'affaire comme elle est. Suposons deux faux témoins qui déposent contre un homme. On les met d'abord en deux Chambres séparées, où ils ne peuvent ni se voir ni se parler. On les interroge ensuite diverses fois l'un après l'autre, sur les mêmes déclarations qu'ils font contre l'Accusé; & les Juges ont tant de conscience qu'ils emploient toute l'industrie possible pour découvrir si l'un des deux, où tous les deux ensemble, ne se coupent point. Si par hasard on découvre de la fausseté dans leurs témoignages, ce qui est aisé à voir, on les fait mourir sans rémission. Mais s'il paroît qu'ils ne se contredisent en rien, on les presente devant l'Accusé pour sçavoir s'il ne les recuse pas, & s'il se tient à leur conscience. S'il dit que oüi, & qu'ensuite ces Témoins jurent par le grand Dieu qu'ils ont vû tuër, violer, piller, &c. les Juges le condamnent à mort: A l'égard de la torture, elle ne se donne que quand il ne se trouve qu'un seul témoin, parce qu'il ne sufit pas, les Loix voulant que deux hommes soient une preuve sufisante, & qu'un seul homme soit une demi preuve ; mais il faut que tu remarque que les Juges prennent toute la précaution imaginable, de peur de rendre d'injustes jugemens.

ADARIO.

Je suis aussi sçavant que je l'étois ; car au bout du compte, deux faux témoins s'entendent bien, avant que de se presenter, & la torture ne se donne pas moins par la déclaration d'un scelerat que par celle d'un honnête homme, qui, selon moi, cesseroit de l'être par son témoignage, quoiqu'il eut vû le crime. Ah ! les bonnes gens que les François, qui, bien loin de se sauver la vie les uns aux autres, comme freres, le pouvant faire, ne le font pas. Mais, dis-moi, que pense-tu de ces Juges ? Est-il vrai qu'il y en ait de si ignorans, comme on dit, & d'autres si méchans, que pour un Ami, pour une Courtisane, pour un grand Seigneur, ou pour de l'argent, ils jugent injustement contre leurs consciences ? Je te voi déja prêt de dire que cela est faux ; que les Loix sont des choses justes & raisonnables. Cependant je sçai que cela est aussi vrai que nous sommes ici. Car celui qui a raison de demander son bien à un autre qui le posséde injustement, fait voir clair comme le jour la vérité de sa cause, n'attrape rien du tout, si ce Seigneur, cette Courtisane, cet Ami & cet argent, parlent pour sa patrie, aux

Juges, qui doivent décider l'afaire. Il en est de même pour les gens accusez de crime, Ha! vive les Hurons, qui sans Loix, sans prisons, & sans tortures, passent la vie dans la douceur, dans la tranquillité, & jouïssent d'un bonheur inconnu aux François. Nous vivons simplement sous les Loix de l'instinct & de la conduite innocente que la Nature sage nous a imprimée dès le berceau. Nous sommes tous d'accord & conformes en vôlontez, opinions & sentimens. Ainsi, nous passons la vie dans une si parfaite intelligence, qu'on ne voit parmi nous ni procez, ni dispute, ni chicanes. Ha! malheureux, que vous êtes à plaindre d'être exposés à des Loix ausquelles vos Juges ignorans, injustes & vicieux contreviennent autant par leur conduite particuliere qu'en l'administration de leurs charges. Ce sont-là ces équitables Juges qui manquent de droiture, qui ne raportent leur emploi qu'à leurs intérêts, qui n'ont en vûë que de s'enrichir, qui ne sont accessibles qu'au démon de l'argent, qui n'administrent la justice que par un principe d'avarice, ou par passion, qui autorisant le crime exterminent la justice & la bonne foi, pour donner cours à la tromperie, à la chicane, à la longueur des procez, à l'abus & à la violation des sermens, & à une infinité d'autres désordres. Voilà ce que font ces grands souteneurs de belles Loix de la Nation Françoise.

LAHONTAN.

Je t'ai déja dit qu'il ne faut pas croire tout ce que les sottes gens disent; tu t'amuse à des ignorans qui n'ont pas la teinture du sens commun, & qui te débitent des mensonges pour des véritez. Ces mauvais Juges, dont ils t'ont parlé, sont aussi rares que les Castors blancs. Car on n'en trouveroit peut-être pas quatre dans toute la France. Ce sont des gens qui aiment la vertu, & qui ont une ame à sauver comme toi & moi; qui en qualité de personnes publiques ont à répondre devant un Juge qui n'a point d'égard à l'aparence des personnes, & devant lequel le plus grand des Monarques n'est pas plus que le moindre des Esclaves. Il n'y en a presque point qui n'aimât mieux mourir, que de blesser sa conscience & de violer les Loix; l'argent est de la bouë pour eux, les femmes les échaufent moins que la glace, les Amis & les grands Seigneurs ont moins de pouvoir sur leur esprit, que les vagues contre les rochers; ils corrigent le libertinage, ils reforment les abus, & ils rendent la justice à ceux qui plaident, sans qu'aucun intérêt s'en mêle. Pour moi, j'ai perdu tout mon bien en perdant trois ou quatre procez à Paris, mais je serois bien fâché de croire qu'ils les ont mal jugés; quoique mes Parties, avec de très-mauvaises causes, ne manquoient ni d'argent ni d'amis. Ce sont les

Loix qui m'ont jugé, & les Loix font juſtes & raiſonnables ; je croiois avoir raiſon parce que je ne les avois pas bien étudiées.

ADARIO.

Je t'avouë que je ne conçois rien à ce que tu me dis ; car enfin je ſçai le contraire, & ceux qui m'ont parlé des vices de ces Juges font aſſûrément des gens d'eſprit & d'honneur ; mais quand perſonne ne m'en auroit informé, je ne ſuis pas ſi groſſier que je ne voie moi-même l'injuſtice des Loix & des Juges. Ecoute un peu, mon cher Frere ; allant un jour de Paris à Verſailles, je vis à moitié chemin un Païſan qu'on alloit foüetter pour avoir pris des perdrix & des liévres à des lacets. J'en vis un autre entre la Rochelle & Paris qu'on condamna aux galéres, parce qu'on le trouva ſaiſi d'un petit ſac de ſel. Ces deux miſérables hommes furent châtiez par ces injuſtes Loix, pour vouloir faire ſubſiſter leurs pauvres familles, pendant qu'un million de femmes font des enfans en l'abſence de leurs maris, que des Médecins font mourir les trois quarts des hommes, & que les joüeurs mettent leurs familles à la mendicité, en perdant tout ce qu'ils ont au monde, ſans être châtiés. Où ſont donc ces Loix juſtes & raiſonnables, où ſont ces Juges qui ont une ame à garder comme toi & moi ? Après cela tu oſes encore dire que les Hurons ſont des bêtes ! Vraîment, ce seroit quelque chose de beau si nous allions châtier un de nos Freres pour des liévres & pour des perdrix! Ce seroit encore une belle chose entre nous de voir nos femmes multiplier le nombre de nos enfans pendant que nous allons en guerre contre nos ennemis. Des Médecins empoisonner nos familles, & des joüeurs perdre les Castors de leurs chasses ; ce sont pourtant des bagatelles en France qui ne sont point sujettes aux belles Loix des François. En vérité, il y a bien de l'aveuglement dans l'esprit de ceux qui nous connoissent & ne nous imitent pas.

LAHONTAN.

Tout beau, mon cher ami, tu vas trop vîte, croi-moi, tes connoissances sont si bornées, comme je t'ai déja dit, que la portée de ton esprit n'envisage que l'aparence des choses. Si tu voulois entendre raison, tu concevrois d'abord que nous n'agissons que sur de bons principes, pour le maintien de la societé. Il faut que tu sçaches que les Loix condamnent les gens qui tombent dans les cas que tu viens de citer, sans en excepter aucun. Premierement, les Loix défendent aux Païsans de tuër ni liévres ni perdrix, sur tout aux environs de Paris; parce qu'ils en dépeupleroient le Roïaume, s'il leur étoit permis de chasser. Ces gens-là ont reçû de leurs Seigneurs les terres dont ils joüissent, & ceux-ci se sont réservé la chasse, comme leurs maîtres. Les Païsans leur font un vol, & contreviennent en même tems à la défense établie par les Loix. De même ceux qui transportent du sel, parce que c'est un droit qui apartient directement au Roi. A l'égard des femmes & des joüeurs, dont tu viens de parler, il faut que tu croies qu'on les renferme dans des prisons & dans des convens, d'où ni les uns ni les autres ne sortent jamais. Pour ce qui est des Médecins, il ne seroit pas juste de les maltraiter, car de cent malades ils n'en tuent pas deux, ils font ce qu'ils peuvent pour nous guérir. Il faut bien que les vieillards & les gens usez finissent. Néanmoins quoique nous aions tous affaire de ces Docteurs, s'il étoit prouvé qu'ils eussent fait mourir quelqu'un par ignorance, ou par malice, les Loix ne les épargneroient pas plus que les autres, & les condamneroient à des prisons perpetuelles, & peut être à quelque chose de pis.

ADARIO.

Il faudroit bien des prisons si ces Loix étoient observées; mais je vois bien que tu ne dis pas tout, & que tu serois fâché de pousser la chose plus loin, de peur de trouver mes raisons sans replique. Venons maintenant à ces deux hommes qui se sauvèrent l'année passée à Québec, pour n'être pas brûlés en France, & disons, en examinant le crime dont on les accuse, qu'il y a de bien sottes

Loix en Europe. Hé bien! ces deux François sont des prétendus Magiciens *Jongleurs*, on les accuse d'avoir *jonglé*, quel mal ont-ils fait? Ces pauvres gens ont peut-être eû quelque maladie, qui leur a laissé cette folie, comme il arrive parmi nous. Dis-moi un peu, je te prie, quel mal font nos *Jongleurs*? Ils s'enferment seuls dans une petite cabane lorsqu'on leur recommande quelque malade, ils y chantent, ils crient, ils dansent, ils disent cent extravagances; ensuite ils font connoître aux parens du malade qu'il faut faire un festin pour consoler le malade, soit de viande, soit de poisson, selon le goût de ce *Jongleur*, qui n'est qu'un Médecin imaginaire, dont l'esprit est troublé par l'accident de quelque fiévre chaude qu'il a essuiée. Tu vois bien que nous nous raillons d'eux en leur absence, & que nous connoissons leur fourberie; tu sçais encore qu'ils sont comme des insensez dans leurs actions, comme dans leurs paroles, qu'ils ne vont ni à la chasse ni à la guerre. Pourquoi brûlerions-nous les pauvres gens qui parmi vous ont le même malheur?

LAHONTAN.

Il y a bien de la diférence de nos *Jongleurs* aux vôtres; car ceux parmi nous qui le sont parlent avec le méchant esprit, font des festins avec lui, toutes les nuits, ils empêchent un mari de caresser sa femme par leurs sortileges ; ils corrompent aussi les filles sages & vertueuses par un charme qu'ils mettent dans ce qu'elles doivent boire ou manger. Ils empoisonnent les bestiaux, ils font périr les biens de la terre, mourir les hommes en langueur, blesser les femmes grosses, & cent autres maux que je ne te raconte pas. Ces gens-là s'apellent Enchanteurs & Sorciers, mais il y en a d'autres encore plus méchans ; ce sont les Magiciens. Ils ont des conversations familieres avec le méchant esprit, ils le font voir à ceux qui en ont la curiosité sous telle figure qu'ils veulent. Ils ont des secrets pour faire gagner au jeu & enrichir ceux à qui ils les donnent. Ils devinent ce qui doit arriver ; ils ont le pouvoir de se métamorphoser en toutes sortes d'Animaux & de figures les plus horribles ; ils vont en certaines maisons faire des hurlemens affreux mêlez de cris & de plaintes effroïables, ils y paroissent tous en feu plus hauts que des arbres, traînant des chaînes aux pieds, portant des serpens dans la main ; enfin ils épouventent tellement les gens, qu'on est obligé d'aller chercher les Prêtres pour les exorciser, croiant que ce sont des ames qui viennent du Purgatoire en ce monde, y demander quelques Messes, dont elles ont besoin pour aller jüir de la vûë de Dieu. Il ne faut donc pas que tu t'étonnes si on les fait brûler sans rémission, selon les Loix dont nous parlons.

ADARIO.

Quoi! seroit-il possible que tu croïes ces bagatelles? Il faut assurément que tu railles, pour voir ce que je répondrai. C'est aparemment de ces contes que j'ai vû dans les fables d'Esope, livres où les Animaux parlent. Il y a ici des Coureurs de Bois qui les lisent tous les jours, & je me trompe fort si ce que tu viens de me raconter n'y est écrit. Car il faudroit être fou pour croire sérieusement, que le méchant Esprit, suposé qu'il soit vrai qu'il y en ait un, tel que les Jésuites me l'ont dépeint, eût le pouvoir de venir sur la Terre. Si cela étoit, il y feroit assez de mal lui-même, sans le faire faire à ces Sorciers, & s'il se communiquoit à un homme il se communiqueroit bien à d'autres; & comme il y a plus de méchans hommes que de bons parmi vous, il n'y en a pas un qui ne voulût être sorcier; alors tout seroit perdu, le monde seroit renversé; en un mot ce seroit un désordre irrémédiable. Sçais-tu bien, mon Frere, que c'est faire tort au grand Esprit de croire ces sotises; car c'est l'accuser d'autoriser les méchancetez & d'être la cause directe de toutes celles que tu viens de raconter, en permettant à ce méchant Esprit de sortir de l'enfer. Si le grand Esprit est si bon que nous le sçavons toi & moi, il seroit plus croiable qu'il envoiât de bonnes Ames sous d'agréables figures, reprocher aux hommes leurs mauvaises actions & les inviter à l'amiable de pratiquer la vertu, en leur faisant une peinture du bonheur des Ames qui sont heureuses dans le bon Païs où elles sont. A l'égard de celles qui sont dans le Purgatoire si tant est qu'il y ait un tel lieu, il me semble que le grand Esprit n'a guère besoin d'être prié par des gens, qui ont assez affaire de prier pour eux-mêmes; & qu'il pourroit bien leur donner la permission d'aller au Ciel, s'il leur acorde celle de venir sur la Terre. Ainsi, mon cher Frere, si tu me parle sérieusement de ces choses; je croirai que tu rêves, ou que tu as perdu le sens. Il faut qu'il y ait quelque autre méchanceté dans l'acusation de ces deux *Jongleurs*; ou bien vos Loix & vos Juges sont aussi fort déraisonnables. La conclusion que je tirerois de ces méchancetez, si elles étoient vraies, c'est que puisqu'on ne voit rien de semblable chez aucun peuple de Canada, il faut absolument que ce méchant Esprit ait un pouvoir sur vous, qu'il n'a pas sur nous. Cela étant, nous sommes donc de bonnes gens, & vous tout au contraire pervers, malicieux & adonnez à toutes sortes de vices & de méchancetez. Mais finissons, je te prie, sur cette matiere, dont je ne veux entendre aucune replique; & dis-moi, à propos de Loix, pourquoi elles soufrent qu'on vende les filles pour de l'argent, à ceux qui veulent s'en servir ? Pourquoi on permet certaines Maisons publiques, où les putains & les maquerelles s'y trouvent à toute heure pour toute sorte de gens ? Pourquoi on permet de porter l'épée aux uns, pour tuër ceux à qui il est défendu d'en porter ? Pourquoi permet on encore de vendre du vin au dessus de certaine quantité, & dans lequel on met mille drogues qui ruïnent la santé ? Ne vois-tu pas les malheurs qui arrivent ici, comme à Quebec, par les ivrognes ? Tu me répondras, comme d'autres ont déja fait, qu'il est permis au Cabaretier de vendre le plus de marchandise qu'il peut pour gagner sa vie, que celui qui boit doit se conduire lui-même, & se modérer sur toutes choses. Mais je te prouverai que cela est impossible, parce qu'on a perdu la raison avant qu'on puisse s'en apercevoir, ou du moins elle demeure si afoiblie, qu'on ne connoît plus ce qu'on doit faire. Pourquoi ne défend on pas aussi les jeux excessifs qui traînent mille maux après eux. Les Peres ruïnent leurs familles, comme je t'ai déja dit, les enfans volent leurs Peres ou les endetent ; les filles & les femmes se vendent quand elles ont perdu leur argent, après avoir consumé leurs meubles & leurs habits ; delà viennent des disputes, des meurtres, des inimitiez & des haines irréconciliables. Voilà, mon Frere, des défenses inutiles chez les Hurons, mais qu'on devroit bien faire dans le Païs des François ; ainsi peu à peu réformant les abus que l'intérêt a introduit parmi vous, j'espererois que vous pourriez un jour vivre sans loix, comme nous faisons.

LAHONTAN.

Je t'ai déja dit une fois, qu'on châtioit les Joüeurs, on en use de même envers les Maquereaux & les Courtisanes, sur tout envers les Cabaretiers, lorsqu'il arrive du désordre chez eux. La diférence qu'il y a, c'est que nos Villes sont si grandes & si peuplées, qu'il n'est pas facile aux Juges de découvrir les méchancetez qu'on y fait. Mais cela n'empêche pas que les Loix ne les défendent, & on fait tout ce qu'on peut pour remédier à ces maux. En un mot, on travaille avec tant de soin & d'aplication à détruire les mauvaises coûtumes, à établir le bel ordre par tout, à punir le vice & à récompenser le mérite, que, pour peu que tu voulusses te défaire de tes mauvais préjugez, & considérer à fond l'excellence de nos Loix, tu serois obligé d'avoüer que les François sont gens équitables, judicieux & sçavans, qui suivent mieux que vous autres les véritables régles de la Justice & de la raison.

ADARIO.

Je voudrois bien avoir occasion de le croire avant que de mourir, car j'aime naturellement les bons François ; mais j'apréhende bien de n'avoir pas cette consolation.

Il faut donc que vos Juges commencent les premiers à suivre les Loix, pour donner exemple aux autres, qu'ils cessent d'oprimer les Veuves, les Orphelins & les miserables; qu'ils ne fassent pas languir les procès des Plaideurs, qui font des voiages de cent lieuës; en un mot, qu'ils jugent les causes de la même maniere que le grand Esprit les jugera. Que vos Loix diminuënt les tributs & les impositions que les pauvres gens sont obligés de paier, pendant que les riches de tous états ne paient rien à proportion des biens qu'ils possedent. Il faut encore que vous défendiez aux coureurs de Bois d'aporter de l'eau de vie dans nos Villages pour arrêter le cours des ivrogneries qui s'y font. Alors j'espererai que peu-à-peu vous vous perfectionnerez, que l'égalité de biens pourra venir peu-à-peu, & qu'à la fin vous détesterez cet intérêt qui cause tous les maux qu'on voit en Europe; ansi n'aiant ni *tien* ni *mien*, vous vivrez avec la même felicité des Hurons C'en est assez pour aujourd'hui. Voilà mon Esclave qui vient m'avertir qu'on m'attend au Village. Adieu, mon cher Frére, jusqu'à demain.

LAHONTAN.

Il me semble, mon cher Ami, que tu ne viendrois pas de si bonne heure chez moi, si tu n'avois envie de disputer encore. Pour moi, je te déclare, que je ne veux plus entrer en matiere avec toi, puisque tu n'est pas capable de concevoir mes raisonnemens, tu es si fort prévenu en faveur de ta Nation, si fort préocupé de tes manieres sauvages, & si peu porté à examiner les nôtres, comme il faut, que je ne daignerai plus me tuër le corps & l'ame, pour te faire connoître l'ignorance & la misere dans lesquelles on voit que les Hurons ont toûjours vécu. Je suis ton Ami, tu le sçais; ainsi je n'ai d'autre intérêt que celui de te montrer le bonheur des François; afin que tu vives comme eux, aussi-bien que le reste de ta Nation. Je t'ai dit vingt fois que tu t'ataches à considerer la vie de quelques méchans François, pour mesurer tous les autres à leur aulne; je t'ai fait voir qu'on les châtioit; tu ne te paie pas de ces raisons-là, tu t'obstines par des réponses injurieuses à me dire que nous ne sommes rien moins que des hommes. Au bout du compte je suis las d'entendre des pauvretez de la bouche d'un homme que tous les François regardent comme un très-habile Personnage. Les gens de ta Nation t'adorent tant par ton esprit, que par ton experience & ta valeur. Tu es Chef de guerre & Chef de Conseil; & sans te flatter, je n'ai guére vû de gens au monde plus vifs & plus pénétrans que tu l'es; ce qui fait que je te plains de tout mon cœur, de ne vouloir pas te défaire de tes préjugez.

ADA.

ADARIO.

Tu as tort, mon cher Frere, en tout ce que tu dis, car je ne mé suis formé aucune fausse idée de vôtre Religion ni de vos Loix; l'exemple de tous les François en général, m'engagera toute ma vie, à considérer toutes leurs actions, comme indignes de l'homme. Ainsi mes idées sont justes, mes préjugez sont bien fondez, je suis prêt à prouver ce que j'avance. Nous avons parlé de Religion & de Loix, je ne t'ai répondu que le quart de ce que je pensois sur toutes les raisons que tu m'as alleguées; tu blâmes nôtre maniere de vivre; les François en général nous prennent pour des Bêtes, les Jésuites nous traitent d'impies, de foux, d'ignorans & de vagabons, & nous vous regardons tous sur le même pied. Avec cette diférence que nous nous contentons de vous plaindre, sans vous dire des injures. Ecoute, mon cher Frere, je te parle sans passion, plus je réfléchis à la vie des Européens & moins je trouve de bonheur & de sagesse parmi eux. Il y a six ans que je ne fais que penser à leur état. Mais je ne trouve rien dans leurs actions qui ne soit au-dessous de l'homme, & je regarde comme impossible que cela puisse être autrement, à moins que vous ne veüilliez vous réduire à vivre sans le *Tien* ni le *Mien*, comme nous faisons. Je dis donc que ce que vous apellez argent, est le démon des dé-

Tome III. D

mons, le Tiran des François; la source des maux; la perte des ames & le sepulcre des vivans. Vouloir vivre dans les Païs de l'argent & conserver son ame, c'est vouloir se jetter au fond du Lac pour conserver sa vie; or ni l'un ni l'autre ne se peuvent. Cet argent est le Pere de la luxure, de l'impudicité, de l'artifice, de l'intrigue, du mensonge, de la trahison, de la mauvaise foi, & généralement de tous les maux qui sont au monde. Le Pere vend ses enfans, les Maris vendent leurs Femmes, les Femmes trahissent leurs Maris, les Freres se tuent, les Amis se trahissent, & tout pour de l'argent: Dis-moi, je te prie, si nous avons tort après cela de ne vouloir point ni manier, ni même voir ce maudit argent.

LAHONTAN.
Quoi! sera-t-il possible que tu raisonneras toûjours si sottement? au moins écoute une fois en ta vie avec attention ce que j'ai envie de te dire. Ne vois-tu pas bien, mon Ami, que les Nations de l'Europe ne pourroient pas vivre sans l'or & l'argent, ou quelque autre chose précieuse. Deja les Gentilshommes, les Prêtres, les Marchands & mille autres sortes de gens qui n'ont pas la force de travailler à la terre, mouroient de faim. Comment nos Rois seroient-ils Rois? Quels soldats auroient-ils? Qui est celui qui voudroit travailler pour eux, ni pour qui que ce soit?

Qui est celui qui se risqueroit sur la mer? Qui est celui qui fabriqueroit des armes pour d'autres que pour soi? Croi-moi, nous serions perdus sans ressource, ce seroit un Cahos en Europe, une confusion la plus épouventable qui se puisse imaginer.

ADARIO.

Vraiment tu me fais-là de beaux contes, quand tu parles des Gentilshommes, des Marchands & des Prêtres! est-ce qu'on en verroit s'il n'y avoit ni *Tien* ni *Mien* ? Vous seriez tous égaux, comme les Hurons le sont entr'eux; ce ne seroit que les trente premieres années après le bannissement de l'intérêt qu'on verroit une étrange désolation; car ceux qui ne sont propres qu'à boire, manger, dormir, & se divertir, mouroient en langueur, mais leurs décendans vivroient comme nous. Nous avons assez parlé des qualitez qui doivent composer l'homme intérieurement, comme sont la sagesse, la raison, l'équité, &c. qui se trouvent chez les Hurons. Je t'ai fait voir que l'intérêt les détruit toutes chez vous; que cet obstacle ne permet pas à celui qui connoît cet intérêt d'être homme raisonnable. Mais voions ce que l'homme doit être extérieurement; Premierement, il doit sçavoir marcher, chasser, pêcher, tirer un coup de fléche ou de fusil, sçavoir conduire un Canot, sçavoir faire la guerre, connoître les bois, être infatiguable, vivre de peu dans l'occasion, construire des Cabanes & des Canots, faire, en un mot, tout ce qu'un Huron fait. Voilà ce que j'apelle un homme. Car, dis-moi, je te prie, combien de millions de gens y a-t il en Europe, qui, s'ils étoient trente lieuës dans des Forêts, avec un fusil ou des fléches, ne pourroient ni chasser de quoi se nourrir, ni même trouver le chemin d'en sortir. Tu vois que nous traversons cent lieuës de bois sans nous égarer, que nous tuons les oiseaux & les animaux à coups de fléches, que nous prenons du poisson par tout où il s'en trouve, que nous suivons les hommes & les bêtes fauves à la piste, dans les prairies & dans les bois, l'Eté comme l'Hiver, que nous vivons de racines, quand nous sommes aux portes des Iroquois, que nous sçavons manier la hache & le coûteau, pour faire mille ouvrages nous-mêmes. Car, si nous faisons toutes ces choses, pourquoi ne les feriez-vous pas comme nous? N'êtes-vous pas aussi grands, aussi forts, & aussi robustes? Vos Artisans ne travaillent-ils pas à des ouvrages incomparablement plus difficiles & plus rudes que les nôtres? Vous vivriez tous de cette maniere-là, vous seriez aussi grands maîtres les uns que les autres. Vôtre richesse seroit, comme la nôtre, d'acquérir de la gloire dans le métier de la guerre, plus on prendroit d'esclaves, moins on travailleroit; en un mot, vous seriez aussi heureux que nous.

LAHONTAN.

Apelles-tu vivre heureux, d'être obligé de gîter sous une miserable Cabane d'écorce, de dormir sur quatre mauvaises couvertures de Castor, de ne manger que du rôti & du boüilli, d'être vétu de peaux, d'aller à la chasse des Castors, dans la plus rude saison de l'année ; de faire trois cens lieües à pied dans des bois épais, abatus & inaccessibles, pour chercher les Iroquois ; aller dans de petits canots se risquer à périr chaque jour dans vos grands Lacs, quand vous voiagez. Coucher sur la dure à la belle étoile, lorsque vous aprochez des Villages de vos ennemis : être contraints le plus souvent de courir sans boire ni manger, nuit & jour, à toute jambe, l'un deçà, l'autre de-là, quand ils vous poursuivent, d'être réduits à la derniere des miseres, si par amitié & par commiseration les Coureurs de Bois n'avoient la charité de vous porter des fusils, de la poudre, du plomb, du fil à faire des filets, des haches, des couteaux, des aiguilles, des alesnes, des ameçons, des chaudieres, & plusieurs autres marchandises.

ADARIO.

Tout beau, n'allons pas si vîte, le jour est long, nous pouvons parler à loisir, l'un après l'autre. Tu trouves, à ce que je vois, toutes ces choses bien dures. Il est vrai qu'elles seroient extrémement pour ces François, qui ne vivent, comme les bêtes, que pour boire & manger, & qui n'ont été élevez que dans la molleſſe : mais dis-moi, je t'en conjure, qu'elle diférence il y a de coucher ſous une bonne Cabane, ou ſous un Palais, de dormir ſur des peaux de Caſtors, ou ſur des matelats entre deux draps ; de manger du rôti & du boüilli ; où de ſales pâtez, & ragoûts, aprêtez par des Marmitons craſſeux ? En ſommes-nous plus malades ou plus incommodez que les François qui ont ces Palais, ces lits, & ces Cuiſiniers ? Hé ! combien y a en-t-il parmi vous qui couchent ſur la paille, ſous des toits ou des greniers que la pluie traverſe de toutes parts, & qui ont de la peine à trouver du pain & de l'eau ? J'ai été en France, j'en parle pour l'avoir vû. Tu critique nos habits de peaux, ſans raiſon, car ils ſont plus chauds & réſiſtent mieux à la pluie que vos draps ; outre qu'ils ne ſont pas ſi ridiculement faits que les vôtres, auſquels on emploie ſoit aux poches, ou aux côtez, autant d'étoffe qu'au corps de l'habit. Revenons à la chaſſe du Caſtor duvant l'hiver, que tu regardes comme une choſe affreuſe, pendant que nous y trouvons toute ſorte de plaiſir & les commoditez d'avoir toutes ſortes de marchandiſes pour leurs peaux. Déja nos eſclaves ont la plus grande peine, ſi tant eſt qu'il y en ait, tu ſçais que la chaſſe eſt le plus agréable divertiſſement que nous aions : celle de ces Animaux étant tout-à-fait plaisante, nous l'estimons aussi plus que tout autre. Nous faisons, dis-tu, une guerre pénible ; j'avouë que les François y périroient, parce qu'ils ne sont pas accoûtumez de faire de si grands voiages à pied ; mais ces courses ne nous fatiguent nullement ; il seroit à souhaiter pour le bien de Canada que vous eussiez nos talens. Les Iroquois ne vous égorgeroient pas, comme ils font tous les jours au milieu de vos Habitations. Tu trouves aussi que le risque de nos petits Canots dans nos Voiages est une suite de nos miseres ; il est vrai que nous ne pouvons pas quelquefois nous dispenser d'aller en Canot. Puisque nous n'avons pas l'industrie de bâtir des Vaisseaux ; mais ces grands Vaisseaux que vous faites ne périssent pas moins que nos Canots ; tu nous reproches encore que nous couchons sur la dure à la belle étoile, quand nous sommes au pied des Villages des Iroquois ; j'en conviens ; mais aussi je sçai bien que les soldats en France ne sont pas si commodément que les tiens sont ici, & qu'ils sont bien contraints de se gîter dans les Marais & dans les fossez à la pluie & au vent. Nous nous enfuïons, ajoûte-tu, à toute jambe ; il n'y a rien de si naturel, quand le nombre des ennemis est triple, que de s'enfuir ; à la verité la fatigue de courir nuit & jour, sans manger, est terrible ; mais il vaut mieux bien prendre ce parti que d'être esclave. Je croi que ces extrémitez seroient horribles pour des Européens, mais elle ne sont quasi rien à nôtre égard. Tu finis en concluant que les François nous tirent de la misere, par la pitié qu'ils ont de nous. Et comment faisoient nos Peres, il y a cent ans, en vivoient-ils moins sans leurs marchandises : au lieu de fusils, de poudre, & de plomb, ils se servoient de l'arc & des fléches, comme nous faisons encore. Ils faisoient des rets avec du fil d'écorce d'arbre; ils se servoient des haches de pierre ; ils faisoient des coûteaux, des aiguilles, des alesnes, &c. avec des os de cerf ou d'élan ; au lieu de chaudiere on prenoit des pots de terre. Si nos Peres se sont passez de toutes ces marchandises, tant de siécles, je croi que nous pourrions bien nous en passer plus facilement que les François ne se passeroient de nos Castors, en échange desquels, par bonne amitié, ils nous donnent des fusils qui estropient, en crevant, plusieurs Guerriers, des haches qui cassent en taillant un arbrisseau, des coûteaux qui s'émoussent en coupant une citroüille, du fil moitié pourri, & de si méchante qualité, que nos filets sont plûtôt usez qu'achevez ; des chaudieres si minces que la seule pesanteur de l'eau en fait sauter le fond. Voilà, mon Frere, ce que j'ai à te répondre sur les miseres des Hurons.

LAHONTAN.

Hé bien, tu veux donc que je croie les Hurons insensibles à leurs peines & à leurs travaux, & qu'aiant été élevez dans la pauvreté & les soufrances, ils les envisagent d'un autre œil que nous; cela est bon pour ceux qui n'ont jamais sorti de leur païs, qui ne connoissent point de meilleure vie que la leur, & qui n'aiant jamais été dans nos Villes, s'imaginent que nous vivons comme eux; mais pour toi, qui as été en France, à Quebec, & dans la Nouvelle Angleterre, il me semble que ton goût & ton discernement sont bien sauvages, de ne pas trouver l'état des Européens préférable à celui des Hurons. Y a-t-il de vie plus agréable & plus délicieuse au monde, que celle d'un nombre infini de gens riches à qui rien ne manque? Ils ont de beaux Carosses, de belles Maisons ornées de tapisseries & de tableaux magnifiques, de beaux Jardins, où se cueillent toutes sortes de fruits, des Parcs où se trouvent toutes sortes d'animaux; des Chevaux & des Chiens pour chasser, de l'argent pour faire grosse chere, pour aller aux Comédies & aux jeux, pour marier richement leurs enfans; ces gens sont adorez de leurs dépendans. N'as-tu pas vû nos Princes, nos Ducs, nos Maréchaux de France, nos Prélats & un milion de gens de toutes sortes d'états qui vivent comme des Rois;

à qui rien ne manque, & qui ne se souviennent d'avoir vécu que quand il faut mourir?

ADARIO.

Si je n'étois pas si informé que je le suis de tout ce qui se passe en France, & que mon voiage de Paris ne m'eût pas donné tant de connoissances & de lumieres, je pourrois me laisser aveugler par ces aparences extérieures de félicité, que tu me representes; mais ce Prince, ce Duc, ce Maréchal, & ce Prélat, qui sont les premiers que tu me cites, ne sont rien moins qu'heureux, à l'égard des Hurons, qui ne connoissent d'autre félicité que la tranquillité d'ame & la liberté. Or ces grands Seigneurs se haïssent intérieurement les uns les autres, ils perdent le sommeil, le boire & le manger pour faire leur cour au Roi, pour faire des piéces à leurs ennemis; ils se font des violences si fort contre nature, pour feindre, déguiser, & soufrir, que la douleur que l'ame en ressent surpasse l'imagination. N'est-ce rien, à ton avis, mon cher Frere, que d'avoir cinquante serpens dans le cœur? Ne vaudroit-il pas mieux jetter Carosses, dorures, Palais, dans la riviere, que d'endurer toute sa vie tant de martires? Sur ce pied-là j'aimerois mieux si j'étois à leur place, être Huron, avoir le corps nud, & l'ame tranquille. Le corps est le logement de l'ame, qu'importe que ce corps soit doré, étendu dans un Carosse, assis à une table, si cette ame le tourmente, l'afflige & le désolé? Ces grands Seigneurs, dis-je, sont exposez à la disgrace du Roi, à la médisance de mille sortes de personnes, à la perte de leurs Charges, au mépris de leurs semblables; en un mot leur vie molle est traversée par l'ambition, l'orgueil, la présomption & l'envie. Ils sont esclaves de leurs passions & de leur Roi, qui est l'unique François heureux, par raport à cette adorable liberté dont il joüit tout seul. Tu vois que nous sommes un millier d'hommes dans nôtre Village, que nous nous aimons comme Freres, que ce qui est à l'un est au service de l'autre, que les Chefs de guerre, de Nation & de Conseil, n'ont pas plus de pouvoir que les autres Hurons; qu'on n'a jamais vû de quérelles ni de médisances parmi nous; qu'enfin chacun est maître de soi-même, & fait tout ce qu'il veut, sans rendre compte à personne, & sans qu'il y trouve à redire. Voilà, mon Frere, la diférence qu'il y a de nous à ces Princes, à ces Ducs, &c. laissant à part tous ceux qui étant au-dessous d'eux doivent, par conséquent, avoir plus de peines, de chagrin & d'embarras.

LAHONTAN.

Il faut que tu croie, mon cher Ami, que comme les Hurons sont élevez dans la fatigue & dans la misere, ces grands Seigneurs le sont de même dans le trouble, dans l'ambition, & ils ne vivroient pas sans cela; &

comme le bonheur ne consiste que dans l'imagination, ils se nourrissent de vanité. Chacun d'eux s'estime dans le cœur autant que le Roi. La tranquillité d'ame des Hurons n'a jamais voulu passer en France, de peur qu'on ne l'enfermât aux petites Maisons. Être tranquille en France, c'est être fou, c'est être insensible, idolent. Il faut toûjours avoir quelque chose à souhaiter pour être heureux; un homme qui sçauroit se borner seroit Huron. Or personne ne le veut être; la vie seroit ennuieuse si l'esprit ne nous portoit à desirer à tout moment quelque chose de plus que ce que nous possedons : & c'est ce qui fait le bonheur de la vie, pourvû que ce soit par des voies légitimes.

ADARIO.

Quoi ! n'est-ce pas plûtôt mourir en vivant, que de tourmenter son esprit à toute heure, pour acquérir des biens, ou des honneurs, qui nous dégoûtent dés que nous en joüissons ? d'afoiblir son corps & d'exposer sa vie pour former des entreprises qui échoüent le plus souvent ? Et puis tu me viendras dire que ces grands Seigneurs sont élevez dans l'ambition, & dans le trouble, comme nous dans le travail & la fatigue. Belle comparaison pour un homme qui sçait lire & écrire ! Dis-moi, je te prie, ne faut-il pas, pour se bien porter, que le corps travaille & que l'esprit se repose ? Au contraire, pour détruire sa santé, que le corps se repose, & que l'esprit agisse? Qu'avons-nous au monde de plus cher que la vie? Pourquoi n'en pas profiter? Les François détruisent leur santé par mille causes diférentes; & nous conservons la nôtre jusqu'à ce que nos corps soient usez; parce que nos ames exemptes de passions ne peuvent altérer ni troubler nos corps. Mais enfin les François hâtent le moment de leur mort par des voies légitimes; voilà ta conclusion; elle est belle, assûrément, & digne de remarque! Crois-moi, mon cher Frere, songe à te faire Huron pour vivre long-tems. Tu boiras, tu mangeras, tu dormiras, & tu chasseras en repos; tu seras délivré des passions qui tiranisent les François; tu n'auras que faire d'or, ni d'argent, pour être heureux; tu ne craindras ni voleurs, ni assassins, ni faux témoins; & si tu veux devenir le Roi de tout le monde, tu n'auras qu'à t'imaginer de l'être, & tu le feras.

LAHONTAN.

Ecoute, il faudroit pour cela que j'eusse commis en France de si grands crimes qu'il ne me fût permis d'y revenir que pour y être brûlé; car, après tout, je ne vois point de métamorphose plus extravagante à un François que celle de Huron. Est-ce que je pourrois résister aux fatigues dont nous avons parlé? Aurois-je la patience d'entendre les sots raisonnemens de vos vieillards & de vos jeunes gens, comme vous faites, sans les contredire? Pourrois je vivre de boüillons, de pain, de bled d'Inde, de rôti & boüilli, sans poivre ni sel? Pourrois je me colorer le visage de vingt sortes de couleurs, comme un fou? Ne boire que de l'eau d'érable? Aller tout nû durant l'Eté, me servir de vaisselle de bois. M'accommoderois je de vos repas continuels, où trois ou quatre cens personnes se trouvent pour y danser deux heures devant & après? Vivrois-je avec des gens sans civilité, qui, pour tout compliment, ne sçavent qu'un *je t'honore*. Non, mon cher *Adario*, il est impossible qu'un François puisse être Huron, au lieu que le Huron se peut faire aisément François.

ADARIO.

A ce compte-là tu préféres l'esclavage à la liberté; je n'en suis pas surpris, après toutes les choses que tu m'as soûtenuës. Mais, si par hazard tu rentrois en toi-même, & que tu ne fusse pas si prévenu en faveur des mœurs & des maniéres des François, je ne voi pas que les dificultez dont tu viens de faire mention, fussent capables de t'empêcher de vivre comme nous. Quelle peine trouves-tu d'aprouver les contes des vieilles gens, comme des jeunes? N'as-tu pas la même contrainte quand les Jésuites & les gens qui sont au-dessus de toi, disent des extravagances? Pourquoi ne vivrois-tu pas de boüillons de toutes sortes de bonnes viandes ? Les Perdrix, poulets d'Inde, liévres, canards, chévreüils ne sont-ils pas bons rôtis & boüillis ? A quoi sert le poivre, le sel & mille autres épiceries, si ce n'est à ruïner la santé ? Au bout de quinze jours tu ne songerois plus à ces drogues. Quel mal te feroient les couleurs sur le visage ? Tu te mets bien de la poudre & de l'essence aux cheveux, & même sur les habits ? N'ai-je pas vû des François qui portent des moustaches, comme les chats, toutes couvertes de cire ? Pour la boisson d'eau d'érable elle est douce, salutaire, de bon goût & fortifie la poîtrine : je t'en ai vû boire plus de quatre fois. Au lieu que le vin & l'eau-de-vie détruisent la chaleur naturelle, afoiblissent l'estomac, brûlent le sang, enyvrent, & causent mille désordres. Quelle peine aurois-tu d'aller nû pendant qu'il fait chaud ? Au moins tu vois que nous ne le sommes pas tant que nous n'aions le devant & le derriere couverts. Il vaut bien mieux aller nû que de suër continuellement sous le fardeau de tant de vétemens les uns sur les autres. Quel embarras trouves-tu encore de manger, chanter & danser en bonne Compagnie ? Cela ne vaut-il pas mieux que d'être seul à Table, ou avec des gens qu'on n'a jamais ni vûs ni connus ? Il ne resteroit plus donc qu'à vivre sans complimens, avec des gens incivils. C'est une peine qui te paroît assez grande, qui cependant ne l'est point. Dis-moi, la civilité ne se réduit-elle pas à la bienséance & à l'affabilité ? Qu'est-ce que bienséance ? N'est-ce pas une gêne perpétuelle, & une affectation fatiguante dans ses paroles, dans ses habits, & dans sa contenance ? Pourquoi donc aimer ce qui embarasse ? Qu'est-ce que l'affabilité ? N'est-ce pas assûrer les gens de nôtre bonne volonté à leur rendre service, par des caresses & d'autres signes extérieurs ? Comme quand vous dites à tout moment, *Monsieur, je suis vôtre serviteur, vous pouvez disposer de moi.* A quoi toutes ces paroles aboutissent-elles ? Pourquoi mentir à tout propos, & dire le contraire de ce qu'on pense ? Ne te semble-t'il pas mieux de parler comme ceci. *Te voilà donc, sois le bien venu, car je t'honore* : N'est-ce pas une grimace éfroïable, que de plier dix fois son corps, baisser la main jusqu'à terre, de dire à tous momens, *je vous demande pardon*, à vos Princes, à vos Ducs, & autres dont nous venons de parler ? Sçache, mon Frere, que ces seules soûmissions me dégoûteroient entierement de vivre à l'Européene, & puis tu me viendras dire, qu'un Huron, se feroit aisément François ! il trouveroit bien d'autres dificultez que celles que tu viens de dire. Car supposons que dès demain je me fisse François, il faudroit commencer par être

Chrétien, c'est un point dont nous parlâmes assez il y a trois jours. Il faudroit me faire faire la barbe tous les trois jours, car aparemment dès que je serois François, je deviendrois velu & barbu comme une bête; cette seule incommodité me paroît rude. N'est-il pas plus avantageux de n'avoir jamais de barbe, ni de poil au corps? As-tu vû jamais de Sauvage qui en ait eû? pourrois je m'accoûtumer à passer deux heures à m'habiller, à m'accommoder, à mettre un habit bleu, des bas rouges, un chapeau noir, un plumet blanc, & des rubans verts? Je me regarderois moi-même comme un fou. Et comment pourrois-je chanter dans les ruës, danser levant les miroirs, jetter ma perruque tantôt devant, tantôt derriere? Et comment me réduirois-je à faire des révérences & des prosternations à de superbes foux; en qui je ne connoîtrois d'autre mérite que celui de leur naissance & de leur fortune? Comment verrois-je languir les nécessiteux, sans leur donner tout ce qui seroit à moi? Comment porterois-je l'épée sans exterminer un tas de scélerats qui jettent aux Galéres mille pauvres étrangers, les Algérens, Salteins, Tripolins, Turcs, qu'on prend sur leurs Côtes, & qu'on vient vendre à Marseille pour les Galéres, qui n'aiant jamais fait de mal à personne sont enlevez impitoïablement de leur Païs natal, pour maudire mille fois le jour, dans les chaînes, pere & mere, vie, naissance, l'Univers & le grand esprit. Ainsi languissent les Iroquois qu'on y envoia il y a deux ans. Me seroit-il possible de faire ni dire du mal de mes amis, de caresser mes ennemis, de m'enivrer par compagnie, de mépriser & bafoüer les malheureux, d'honorer les méchans & de traiter avec eux ; de me réjoüir du mal d'autrui, de loüer un homme de sa méchanceté ; d'imiter les envieux, les traîtres, les flâteurs, les inconstans, les menteurs, les orgueilleux, les avares, les intéressez, les raporteurs & les gens à double intention? Aurois-je l'indiscretion de me vanter de ce que j'aurois fait, & de ce que je n'aurois pas fait? Aurois-je la bassesse de ramper comme une couleuvre aux pieds d'un Seigneur, qui se fait nier par ses valets? Et comment pourrois-je ne me pas rebuter de ses refus? Non, mon cher Frere, je ne sçaurois être François ; j'aime bien mieux être ce que je suis, que de passer ma vie dans ces chaînes. Est-il possible que nôtre liberté ne t'enchante pas! peut-on vivre d'une maniere plus aisée que la nôtre? Quand tu viens pour me voir dans ma cabane, ma femme & mes filles ne te laissent-elles pas seules avec moi, pour ne pas interrompre nos conversations? De même, quand tu viens voir ma femme, ou mes filles ne te laisse-t'on pas seul avec celle des deux que tu viens visiter? N'es-tu pas le maître en quelque cabane du Village où tu puisses aller, de demander à manger de tout ce que tu sçais y avoir de meilleur ? Y a-t'il des Hurons qui aient jamais refusé à quelque autre sa chasse, ou sa pêche, ou toute ou en partie ? Ne cotisons-nous pas entre toute la Nation les Castors de nos chasses, pour supléer à ceux qui m'en ont pû prendre suffisamment pour acheter les marchandises dont ils ont besoin ? N'en usons-nous pas de même de nos bleds d'Inde, envers ceux dont les champs n'ont sçû raporter des moissons suffisantes pour la nourriture de leurs familles ? Si quelqu'un d'entre-nous veut faire un canot, ou une nouvelle cabane, chacun n'envoie-t'il pas ses esclaves pour y travailler, sans en être prié ? Cette vie-là est bien diférente de celle des Européans, qui feroient un procez pour un bœuf ou pour un cheval à leurs plus proches parens ? Si un fils demande à son pere, ou le pere à son fils, de l'argent, il dit qu'il n'en a point ; si deux François qui se connoissent depuis vingt ans, qui boivent & mangent tous les jours ensemble, s'en demandent aussi l'un à l'autre, ils disent qu'ils n'en ont point. Si de pauvres misérables, qui vont tout nuds, décharnez, dans les ruës, mourans de faim & de misére, mendient une obole à des riches, ils leur répondent qu'ils n'en ont point. Aprés cela, comment avez-vous la présomption de prétendre avoir un libre accez dans le Païs du grand Esprit ? Y a-t'il un seul homme au monde qui ne connoisse, que le mal est contre nature, & qu'il n'a pas été créé pour le faire ? Quelle espérance peut avoir un Chrétien à sa mort, qui n'a jamais fait de bien en sa vie ? Il faudroit qu'il crût que l'ame meurt avec le corps. Mais je ne croi pas qu'il se trouve des gens de cette opinion. Or si elle est immortelle, comme vous le croiez, & que vous ne vous trompiez pas dans l'opinion que vous avez de l'enfer & des péchez qui conduisent ceux qui les commettent, en ce Païs-là, vos ames ne se chaufferont pas mal.

LAHONTAN.

Ecoute, Adario, je croi qu'il est inutile que nous raisonnions davantage ; je vois que tes raisons n'ont rien de solide ; je t'ai dit cent fois que l'exemple de quelques méchantes gens, ne concluoit rien ; tu t'imagines qu'il n'y a point d'Européen qui n'ait quelque vice particulier caché ou connu ; j'aurois beau te prêcher le contraire d'ici à demain, ce seroit en vain : car tu ne mets aucune diférence de l'homme d'honneur au scélerat. J'aurois beau te parler dix ans de suite, tu ne démordrois jamais de la mauvaise opinion que tu t'es formée, & des faux préjugez touchant nôtre Religion, nos Loix, & nos manieres. Je voudrois qu'il m'eût coûté cent Castors que tu sçusse aussi-bien lire & écrire qu'un François ; je suis persuadé que tu n'insisterois plus à méprifer fi vilainement l'heureufe condition des Européens. Nous avons vû en France des *Chinois* & des *Siamois* qui font des gens du bout du monde, qui font en toutes chofes plus opofez à nos manieres que les Hurons; & qui cependant ne fe pouvoient laffer ni d'admirer vôtre maniere de vivre. Pour moi, je t'avouë que je ne conçois rien à ton obftination.

ADARIO.

Tous ces gens-là ont l'efprit auffi mal tourné que le corps. J'ai vû certains Ambaffadeurs de ces Nations dont tu parles. Les Jéfuites de Paris me racontérent quelque hiftoire de leurs Païs. Ils ont le *tien* & le *mien* entr'eux, comme les François; ils connoiffent l'argent auffi-bien que les François; & comme ils font plus brutaux, & plus intéreffez que les François, il ne faut pas trouver étrange qu'ils aient aprouvé les manieres des gens qui les traitant avec toute forte d'amitié, leur faifoient encore des prefens à l'envi les uns des autres. Ce n'eft pas fur ces gens-là que les Hurons fe régleront. Tu ne dois pas t'offenfer de tout ce que je t'ai prouvé; je ne méprife point les Européens, en leur prefence; je me contente de les plaindre. Tu as raifon de dire que je ne fais point de diférence de ce que nous apellons homme d'honneur à un brigand. J'ai bien peu d'efprit, mais il y a affez de tems que je traite avec les François, pour fçavoir ce qu'ils entendent par ce mot d'homme d'honneur. Ce n'est pas pour le moins un Huron; car un Huron ne connoît point l'argent, & sans argent on n'est pas homme d'honneur parmi vous. Il ne me seroit pas dificile de faire un homme d'honneur de mon esclave; je n'ai qu'à le mener à Paris, & lui fournir cent paquets de Castors pour la dépense d'un carosse, & de dix ou douze valets, il n'aura pas plûtôt un habit doré avec tout ce train, qu'un chacun le saluëra, qu'on l'introduira dans les meilleures tables, & dans les plus célébres compagnies. Il n'aura qu'à donner des repas aux Gentilshommes, des presens aux Dames, il passera par tout pour un homme d'esprit, de mérite & de capacité; on dira que c'est le Roi des Hurons; on publiera par tout que son Païs est couvert de mines d'or, que c'est le plus puissant Prince de l'Amérique; qu'il est sçavant; qu'il dit les plus agréables choses du monde en conversation; qu'il est redouté de tous ses voisins; enfin ce sera un homme d'honneur, tel que la plûpart des laquais le deviennent en France; après qu'ils ont sçû trouver le moien d'attraper assez de richesses pour paroître en ce pompeux équipage, par mille voies infâmes & détestables. Ha! mon cher Frere, si je sçavois lire, je découvrirois de belles choses, que je ne sçai pas, & tu n'en serois pas quitte pour les défauts que j'ai remarquez parmi les Européans; j'en aprendrois bien d'autres, en gros & en détail, alors je croi qu'il n'y a point d'état ou de vocation sur lesquels je ne trouvasse bien à mordre. Je croi qu'il vaudroit bien mieux pour les François qu'ils ne sçussent ni lire ni écrire ; je voi tous les jours mille disputes ici entre les coureurs de bois pour les écrits, lesquels n'aportent que des chicanes & des procez. Il ne faut qu'un morceau de papier, pour ruïner une famille, avec une lettre la femme trahit son mari, & trouve le moien de faire ce qu'elle veut ; la mere vend sa fille ; les faussaires trompent qui ils veulent. On écrit tous les jours dans des livres des menteries, & des impertinences horribles ; & puis tu voudrois que je sçusse lire & écrire, comme les François ? Non, mon Frere, j'aime mieux vivre sans le sçavoir, que de lire & d'écrire des choses que les Hurons ont en horreur. Nous avons assez de nos *Hiéroglifes* pour ce qui regarde la chasse & la guerre ; tu sçais bien que les caractéres que nous faisons autour d'un arbre pelé, en certains passages, comprennent tout le succez d'une chasse, ou d'un parti de guerre ; que tous ceux qui voient ces marques les entendent. Que faut-il davantage ? La communauté de biens des Hurons n'a que faire d'écriture, il n'y a ni poste, ni chevaux dans nos Forêts pour envoier des couriers à Quebec ; nous faisons la paix & la guerre sans écrit, seule-

ment par des Ambaſſadeurs qui portent la parole de la Nation. Nos limites ſont réglez auſſi ſans écrits. A l'égard des ſciences que vous connoiſſez, elles nous ſeroient inutiles; car pour la *Géographie*, nous ne voulons pas nous embaraſſer l'eſprit en liſant des livres de Voiages qui ſe contrediſent tous, & nous ne ſommes pas gens à quitter nôtre Païs dont nous connoiſſons, comme tu ſçais, juſqu'au moindre petit ruiſſeau, à quatre cens lieuës à la ronde *l'Aſtronomie* ne nous eſt pas plus avantageuſe, car nous comptons les années par Lunes, & nous diſons *j'ai tant d'Hivers* pour dire tant d'années. La *Navigation* encore moins, car nous n'avons point de Vaiſſeaux. Les *Fortifications* non plus, un Fort de ſimples paliſſades nous garantit des flèches & des ſurpriſes de nos ennemis, à qui l'artillerie eſt inconnuë. En un mot, vivant comme nous vivons, l'écriture ne nous ſerviroit de rien. Ce que je trouve de beau, c'eſt *l'Arithmétique*; il faut que je t'avouë que cette ſcience me plaît infiniment, quoique pourtant ceux qui la ſçavent ne laiſſent pas de faire de grandes tromperies; auſſi je n'aime de toutes les vocations des François, que le commerce, car je le regarde comme la plus légitime, & qui nous eſt la plus néceſſaire. Les Marchands nous font plaiſir; quelques-uns nous portent quelquefois de bonnes marchandiſes, il y en a de bons & d'équitables,

bles, qui se contente de faire un petit gain. Ils risquent beaucoup; ils avancent, ils prêtent. Ils attendent; enfin je connois bien des Négocians qui ont l'ame juste & raisonnable; & à qui nôtre Nation est très-redevable ; d'autres pareillement qui n'ont pour but que de gagner excessivement sur des marchandises de belle aparence, & de peu de raport, comme sur les haches, les chaudieres, la poudre, les fusils, &c. que nous n'avons pas le talent de connoître. Cela te fait voir qu'en tous les états des Européans, il y a quelque chose à redire ; il est très-constant que si un Marchand n'a pas le cœur droit, & s'il n'a pas assez de vertu pour résister aux tentations diverses ausquelles le négoce l'expose, il viole à tout moment les Loix de la justice, de l'équité, de la charité, de la sincérité, & de la bonne foi. Ceux-là sont méchans, quand ils nous donnent de mauvaises marchandises, en échange de nos Castors, qui sont des peaux où les aveugles mêmes ne sçauroient se tromper en les maniant. C'est assez, mon cher Frere, je me retire au Village, où je t'attendrai demain après-midi.

LAHONTAN.

Je viens, Adario, dans ta Cabane, pour y visiter ton grand-Pere qu'on m'a dit être à l'extrémité. Il est à craindre que ce bon Vieillard ne soit long-tems incommodé de la douleur dont il se plaint. Il me semble qu'un homme comme lui de soixante & dix ans pourroit bien s'empêcher d'aller encore à la chasse des Tourterelles. J'ai remarqué, depuis long-tems que vos vieilles gens sont toûjours en mouvement, & en action ; c'est le moien d'épuiser bien vîte le peu de forces qu'il leur reste : Ecoute, il faut envoier un des Esclaves chez mon Chirurgien, qui entend assez bien la médecine, & je suis assûré qu'il le soûlagera dans le moment ; sa fiévre est si peu de chose qu'il n'y a pas lieu d'aprehender pour sa vie, à moins qu'elle n'augmente.

ADARIO.

Tu sçais bien, mon cher Frere, que je suis l'ennemi capital de vos Médecins, depuis que j'ai vû mourir entre leurs mains dix ou douze personnes, par la tirannie de leurs remédes. Mon Grand-Pere que tu prens pour un homme de soixante & dix ans en a 98. il s'est marié à 30. ans. Mon Pere en a 52. & j'en ai 35. il est vrai qu'il est d'un bon temperamment & qu'on ne lui donneroit pas cet âge-là en Europe, où les gens finissent de meilleure heure. Je te ferai voir quatorze ou quinze Vieillards, un de ces jours, qui passent cent années, un qui en a cent vingt & quatre, & il en est mort un autre, il y a six ans, qui en avoit près de cent quarante : A l'égard de l'agitation que tu condamnes dans ces vieilles gens, je puis t'assûrer qu'au contraire s'ils demeuroient couchez sur leurs nattes, dans la Cabane, & qu'ils ne fissent que boire, manger & dormir, ils deviendroient lourds, pesans, & incapables d'agir ; & ce repos continuel empêchant la transpiration insensible, les humeurs, qui pour lors cesseroient de transpirer, se remêleroient avec leur sang usé ; de-là surviendroit que par des effets naturels leurs jambes & leurs reins s'afoibliroient & se décherroient à tel point qu'ils mourroient de phtisie. C'est ce que nous avons observé depuis long-tems, chez toutes les Nations de Canada. Les *Jongleurs* doivent venir tout à l'heure pour le *Jongler*, & sçavoir quelle viande ou poisson sa maladie requiert pour sa guérison. Voilà mes Esclaves prêts pour aller à la chasse, ou à la pêche. Si tu veux bien t'entretenir un couple d'heures avec moi, tu verras les singeries de ces Charlatans, que, quoique nous les connoissions pour tels lorsque nous sommes en santé, nous sommes ravis & consolez de les voir quand nous avons quelque maladie dangereuse.

LAHONTAN.
C'est qu'alors, mon cher Adario, nôtre esprit est aussi malade que nôtre corps ; il en est de même de nos Médecins, tel les déteste, & les fuït, quand il se porte bien, qui, malgré la connoissance de leur Art incertain,

ne laisse pas d'en convoquer une douzaine : & d'autres, qui sans avoir d'autre mal que celui qu'ils s'imaginent avoir, détruisent leurs corps par des remedes ausquels la force des chevaux succomberoit. J'avouë que parmi vous autres on ne voit point de ces sortes de foux-là ; mais, en récompense, vous ménagez bien peu vôtre santé ; car vous courez à la chasse depuis le matin jusqu'au soir tous nûs ; & vous dansez trois ou quatre heures de suite jusqu'à la sueur ; & les jeux de la balle que vous disputez entre six ou sept cens personnes, pour la pousser une demi-lieuë de terrain deçà ou delà, fatiguent extrêmement vos corps ; ils en affoiblissent les parties ; ils dissipent les esprits ; ils aigrissent la masse du sang & des humeurs, & troublent la liaison de leurs principes. Ainsi, tel homme, parmi vous, qui auroit vécu plus de cent ans, est mort à quatre-vingt.

ADARIO.

Quand même ce que tu dis seroit vrai, qu'importe-t'il à l'homme de vivre si long-tems ? puisqu'au dessus de quatre-vingts la vie est une mort ? Tes raisons sont, peut-être, justes à l'égard des François qui généralement paresseux détestent tout exercice violent ; ils sont de la nature de nos vieillards, qui vivent dans une si molle indolence, qu'ils ne sortent de leurs Cabanes que lorsque le feu s'y met. Nos tempéramens & nos Compléxions sont aussi diférentes des vôtres que la nuit du jour. Et cette grande diférence que je remarque généralement en toutes choses entre les Européans & les Peuples du Canada, me persuaderoit quasi que nous ne descendons pas de vôtre Adam prétendu. Déja parmi nous on ne voit quasi jamais ni bossus, ni boiteux, ni nains, ni sourds, ni muets, ni aveugles de naissance, encore moins de Borgnes ; & quand ces derniers viennent au monde, c'est un présage assûré de malheur à la Nation ; comme nous l'avons souvent observé. Tout borgne n'eût jamais d'esprit, ni de droiture de cœur. Au reste, malicieux, paillard, & paresseux au dernier point ; plus poltron que le liévre ; n'allant jamais à la chasse, de crainte de crever son œil unique à quelque branche d'arbre. A l'égard des maladies, nous ne voions jamais d'hydropiques, d'asmatiques, de paralitiques, de gouteux, ni de véroles, nous n'avons ni lépre, ni dartres, ni tumeurs, ni rétentions d'urines, ni pierres, ni gravelles, au grand étonnement des François, qui sont si sujets à ces maux-là. Les fiévres régnent parmi nous, sur tout au retour de quelque voiage de guerre, pour avoir couché au serain, traversé des marais & des rivieres à guai, jeûné deux ou trois jours, mangé froid, &c. Quelquefois les pleuresies nous font mourir, parce qu'étant échauffez à courir à la guerre, ou à la chasse, nous bûvons des eaux dont nous ne connoissons point la qualité ; les coliques nous attaquent aussi de tems en tems, par la même cause. Nous sommes sujets à la rougeole & à la petite vérole, soit parce que nous mangeons tant de poisson, que le sang qu'il produit diférent de celui des viandes, boult dans ses vaisseaux avec plus d'activité, & se défendant de ses parties épaisses & grossiéres, il les pousse vers les pores insensibles de la peau ; ou parce que le mauvais air, qui est renfermé dans nos Villages, n'aiant point de fenêtres à nos Cabanes, il se fait tant de feux & de fumée, que le peu de proportion que les parties de cet air renfermé ont avec celles du sang & des humeurs, nous causent ces infirmitez. Voilà les seules que nous connoissions.

LAHONTAN.

Voilà, mon cher Adario, la premiere fois que tu as raisonné juste, depuis le tems que nous nous entretenons ensemble. Je conviens que vous êtes exempts d'une infinité de maux dont nous sommes accablez ; c'est par la raison que tu me dis l'autre jour, que pour se bien porter, il faut que l'esprit se repose. Les Hurons étant bornez à la simple connoissance de la chasse, ne fatiguent pas leur esprit & leur santé à la recherche de mille belles Sciences, par les veilles, par la perte du sommeil, par les sueurs. Un homme de guerre s'attache à lire & à aprendre l'histoire des guerres du monde, l'art de fortifier, d'attaquer, & défendre des Places; il y emploie tout son tems, encore n'en trouve-t'il pas de reste, durant sa vie, pour se rendre tel qu'il doit être ; l'homme d'Eglise s'emploie nuit & jour à l'étude de la Théologie, pour le bien de la Religion ; il écrit des livres qui instruisent le peuple des affaires du salut, & donnant les heures, les jours, les mois & les années de sa vie à Dieu, il en reçoit des éternitez de récompense après sa mort. Les Juges s'apliquent à connoître les Loix ; ils passent les jours & les nuits à l'examen des procès, ils donnent des audiences continuelles à mille Plaideurs, qui les accablent incessamment, & à peine ont ils le loisir de boire & de manger. Les Médecins étudient la science de rendre les hommes immortels ; ils vont & viennent de malade en malade, d'Hôpital en Hôpital, pour examiner la nature & la cause des diférentes maladies; ils s'atachent à connoître la qualité des drogues, des herbes, des simples, par milles expériences rares & curieuses. Les Cosmographes & les Astronomes se donnent entièrement au soin de découvrir la figure, la grandeur, la composition du Ciel & de la Terre ; les uns connoissent jusqu'à la moindre étoile du Firmament, leurs cours, leur éloignement, leur ascensions & leurs déclinations; les autres sçavent faire la diférence des Climats, & de la position du Globe de la Terre; ils connoissent les mers, les lacs, les rivieres, les Isles, les Golfes, les distances d'un Païs à l'autre, toutes les Nations du monde leur sont connuës, aussi-bien que leurs réligions, leurs loix, leurs langues, leurs mœurs, & leur gouvernement. Enfin, tous les autres Sçavans qui s'attachent avec trop d'aplication à la connoissance des Sciences, qu'ils recherchent, ruïnent entierement leur santé. Car il ne se fait au cerveau d'esprits animaux qu'autant que le cœur lui fournit de matiere, par cette subtile portion de sang qui lui est portée par les artéres; & le cœur, qui est un muscle, ne peut lancer le sang à tout le corps que par le moien des esprits animaux; or quand l'ame est tranquille, telle qu'est la tienne, il en communique à toutes les parties, autant qu'elles en ont besoin pour faire les actions ausquelles la Nature les a destinées; au lieu que dans la profonde aplication des Sciences, étant agitée d'une foule de pensées, elle dissipe beaucoup de ces esprits, & dans les longues veilles & dans la gêne de l'imagination; Ainsi tout ce que le cerveau en peut former suffit à peine aux parties qui servent aux desseins de l'ame pour faire les mouvemens précipitez qu'elle leur demande; & ne coulant que fort peu de ces esprits dans lés nerfs qui les portent aux parties qui servent à nous faire digérer ce que nous mangeons, leurs fibres ne peuvent être mûs que très-foiblement ; ce qui est causé que les actions se font mal, que la coction est imparfaite, que les sérositez se séparant du sang, & s'épanchant sur la tête, sur le corps, sur les nerfs, sur la poitrine, & ailleurs, causent la goute, l'hidropisie, la paralisie, & les autres maladies que tu viens de nommer.

ADARIO.

A ce compte-là, mon cher Frere, il n'y auroit que les sçavans qui en seroient attaquez. Sur ce pied-là tu conviendras qu'il vaudroit mieux être Huron, puisque la santé est le plus précieux de tous les biens. Je sçai pourtant que ces maladies n'épargnent personne, & qu'elles se jettent aussi bien sur les Ignorans, que sur les autres. Ce n'est pas que je nie ce que tu dis ; car je voi bien que les travaux de l'esprit affoiblissent extrêmement le corps, & même je m'étonne, cent fois le jour, que vôtre complexion soit assez forte pour résister aux violentes sécousses que le Chagrin vous donne, lorsque vos affaires ne vont pas bien. J'ai vû des François qui s'arrachoient les cheveux, d'autres qui pleuroient & crioient comme des femmes qu'on brûleroit ; d'autres qui ont passé deux jours sans boire ni manger, dans une si grande colere qu'ils rompoient tout ce qu'ils trouvoient fous la main. Cependant la santé de ces gens là n'en paroissoit pas alterée. Il faut qu'ils soient d'une autre nature que nous ; car il n'y a pas de Huron qui ne crevât le lendemain, s'il avoit la centiéme partie de ces transports ; oüi vraiment il faut que vous soiez d'une autre nature que nous ; car vos vins, vos eaux de vie, & vos épiceries nous rendent malades à mourir : au lieu que sans ces drogues vous ne sçauriez presque pas vivre en santé. D'ailleurs, vôtre sang est salé, & le nôtre ne l'est pas. Vous êtes barbus, & nous ne le sommes pas. Voici ce que j'ai encore observé, c'est que jusqu'à l'âge de trente-cinq ou quarante ans, vous êtes plus forts & plus robustes que nous. Car nous ne sçaurions porter des fardeaux si pesans que vous faites, jusqu'à cet âge là ; mais ensuite les forces diminuënt chez vous, en déclinant à vûë d'œuil ; au lieu que les nôtres se conservent jusqu'à cinquante-cinq ou soixante ans. C'est une verité dont nos Filles peuvent rendre un fidéle témoignage. Elles disent que si un jeune François les embrasse six fois la nuit, un jeune Huron n'en fait que la moitié ; mais aussi elles avoüent que les François sont plus vieux en ce commerce à l'âge de trente-cinq ans, que nos Hurons à l'âge de cinquante. Cet aveu de nos belles Filles (à qui l'excez de vos jeunes gens plaît beaucoup plus que la modération des nôtres) m'a conduit à cette réfléxion ; qui est que cette goutte, cette hidropisie, phtisie, paralisie, pierre, gravele & ces autres maladies, dont nous avons parlé, proviennent, sans doute, non seulement de ces plaisirs immodérez, mais encore du temps & de la maniere dont vous les prenez. Car au sortir du repas, & à l'issuë d'une corvée de fatigue, vous embrassez vos femmes, autant que vous pouvez, sur des chaises, ou debout, sans considerer le dommage qui en résulte : témoins ces jeunes gaillards, qui font servir leur table de Lit, au Village de *Doſenra*. Vous êtes encore sujets à deux maladies que nous ne connoissons pas ; l'une que les Ilinois appellent *Mal chaud*, dont ils sont attaquez, aussi bien que les Peuples du *Mississipi*, laquelle maladie passe chez vous pour le mal des femmes ; & l'autre que vous appellez *Scorbut* & que nous apellons *le mal froid*, par les simptomes & les causes de ces maladies, que nous avons observées depuis que les François sont en Canada. Voilà bien des maladies qui régnent parmi vous autres, & dont vous avez bien de la peine à guerir. Vos Médecins vous tuënt, au lieu de vous redonner la santé ; parce qu'ils vous donnent des remédes qui, pour leur intérêt, entretiennent long-temps vos maladies, & vous tuënt à la fin. Un Médecin seroit toûjours gueu s'il guérissoit les malades en peu de temps. Ces gens là n'ont garde d'aprouver nôtre maniere de suër, ils en connoissent trop bien la conséquence ; & quand on leur en parle, voici ce qu'ils disent. *Il n'y a que des foux capables d'imiter les foux ; les Sauvages ne sont pas apellez Sauvages pour rien ; leurs remédes ne sont pas moins sauvages qu'eux: s'il est vrai qu'ils suent, & se jettent ensuite dans l'eau froide ou dans la neige, sans crever sur le champ, c'est à cause de l'air, du climat, & des alimens de ces Peuples, qui sont diférens des nôtres : mais cela n'empêche pas que tel Sauvage est mort à 80. ans qui en auroit vécu 100. s'il n'avoit pas usé de ce remède épouventable.* Voilà ce que disent vos Médecins, pour empêcher que vos Peuples d'Europe se trouvent en état de se passer de leurs remédes. Or, il est constant que si de temps en temps vous vouliez suer de cette maniere, vous vous porteriez le mieux du monde, & tout ce que le vin, les épiceries, les excez de femmes, de veilles, & de fatigues pourroient engendrer de mauvaises humeurs dans le sang, sortiroient par les pores de la chair. Alors, adieu la médecine & tous ses poisons. Or, ce que je te dis, mon cher frere, est plus clair que le jour ; ce raisonnement n'est pas pour les ignorans. Car ils ne parleroient que de pleuresies & de rhumatismes à l'issuë de ce remede. C'est une chose étrange qu'on ne veüille pas écouter la réponse que nous faisons à l'objection que vos Médecins nous font sur cette maniére de suer. Il est constant, mon cher Frére, que la Nature est une bonne Mére, qui voudroit que nous vécussions éternellement. Cependant nous la tourmentons si violemment qu'elle se trouve quelquefois tellement affoiblie, qu'à peine a-t-elle la force de nous secourir. Nos débauches & nos fatigues engendrent de mauvaises humeurs, qu'elle voudroit pouvoir chasser de nos corps, s'il lui restoit assez de vigueur pour en ouvrir les portes, qui sont les pores de la chair. Il est vrai qu'elle en chasse autant qu'elle peut par les urines, par les selles, par la bouche, par le nez, & par la transpiration insensible; mais la quantité des sérositez est quelquefois si grande, qu'elles se répandent sur toutes les parties du corps, entre cuir & chair. Alors il s'agit de les faire sortir au plus vîte, de peur que leur trop long séjour ne cause cette goûte, rumatisme, hidropisie, paralisie, & toutes les autres maladies qui peuvent altérer la santé de l'homme. Pour cet effet, il faut donc ouvrir ces pores par le moien de la sueur; mais il faut ensuite les fermer afin que le suc nouriçier ne sorte pas en même temps par le même chemin ouvert. Ce qu'on ne sçauroit empêcher à moins qu'on ne se jette dans l'eau froide, comme nous faisons. Il en est de même que si des loups étoient entrez dans vos Bergeries; alors vous ouvririez vîte les portes, afin que ces méchans animaux en sortissent; mais ensuite vous ne manqueriez pas de les fermer, afin que vos Moutons ne les suivissent pas. Vos Médecins auroient raison de dire qu'un homme qui s'échauferoit à la chasse ou à quelque exercice violent, & se jetteroit ensuite dans l'eau froide, se risqueroit extrêmement à perdre la vie. C'est un fait incontestable, car le sang étant agité & boüillant, pour ainsi dire, dans les veines, il ne manqueroit pas de se congeler, de la même maniere que l'eau boüillante se congéle plus facilement que l'eau froide, lorsqu'on l'expose à la gelée, ou qu'on la jette dans une fontaine bien froide. C'est tout ce que je puis penser sur cette affaire. Au reste, nous avons des maladies qui sont également ordinaires aux François. Ce sont la petite vérole, les fiévres, pleuresies & même nous voions assez souvent parmi nous une espece de malades que vous apellez *hypocondriaques*. Ces foux s'imaginent qu'un petit *Manitou* gros comme le poing, & que nous apellons *Aoutaerohi*, en nôtre langue, les possede, & qu'il est dans leurs corps, sur tout dans quelque membre qui leur fait tant soit peu de mal. Ceci provient de la foiblesse d'esprit de ces gens-là, car enfin il y a des ignorans & des foux parmi nous.

comme parmi vous autres. Nous voions
tous les jours des Hurons de cinquante ans,
qui ont moins d'esprit & de discernement
que des jeunes filles. Il y en a de supersti-
cieux, comme parmi vous autres. Car
ils croient premiérement que l'esprit des son-
ges est l'Ambassadeur & le Messager, dont
le grand Esprit se sert pour avertir les hommes de ce qu'ils doivent faire. A l'égard
de nos *Jongleurs*, ce sont des Charlatans
& des Imposteurs, comme vos Médecins;
avec cette difference qu'ils se contentent
de faire bonne chere aux dépens des malades, sans les envoier dans l'autre monde,
en reconnoissance de leur festin & de leurs
présens.

LAHONTAN.

Ha! pour-le coup, mon intime Adario,
je t'honore au de là de tout ce que je pourrois t'exprimer; car tu raisonnes comme
il faut. Jamais tu n'as mieux parlé. Tout
ce que tu dis des sueurs est effectivement
vrai. Je le connois par experience tellement
bien, que de ma vie je n'userai d'autre re-
méde que de celui-là. Mais je ne sçaurois
souffrir pourtant que tu te récries si fort contre la saignée; car il me souvient que tu me
dis, il a quinze jours, cent raisons sur la
nécessité de conserver nôtre sang, puisqu'il
est le trésor de la vie. Je ne te contredirai
pas tout-à-fait sur cela, mais je te dirai

pourtant que vos remédes contre les pleuresies & les fluxions ne réüssissent quelquefois que par hazard ; puisque de vingt malades il en meurt quinze ; au lieu que la saignée ne manque jamais alors de les guérir. J'avoüe qu'en les guérissant par cette voye-là, on abrége leurs jours ; & que tel homme qui a été plus ou moins saigné, auroit vécu plus ou moins d'années qu'il n'a fait. Mais enfin, on ne considére pas toutes ces choses quand on est malade, on ne songe qu'à guérir, à quelque prix que ce soit, & chacun recherche la santé aux dépens de quelques années de vie de plus ou de moins, qu'on perd avec la perte de son sang. Enfin, tout ce que je puis remarquer, c'est que les Peuples de Canada sont d'une meilleure compléxion que ceux de l'Europe, plus infatigables, & plus robustes ; accoûtumez aux fatigues, aux veilles & aux jeûnes, & plus insensibles au froid & à la chaleur. De sorte qu'étant exempts des passions qui tourmentent nos ames, ils sont en même temps à couvert des infirmitez dont nous sommes accablez. Vous êtes gueux & misérables, mais vous joüissez d'une santé parfaite ; au lieu qu'avec nos aises & nos commoditez, il faut que nous soïons, ou par complaisance, ou par occasion, réduits à nous tuër nous-mêmes, par une infinité de débauches, ausquelles vous n'êtes jamais exposez.

ADARIO.

Mon Frere, je viens te visiter avec ma fille, qui va se marier malgré-moi, avec un jeune homme qui est aussi bon guerrier, que mauvais chasseur. Elle le veut, cela suffit parmi nous : mais il n'en est pas ainsi parmi vous. Car il faut que les peres & les meres consentent au mariage de leurs enfans.

Or il faut que je veuille ce que ma fille veut aujourd'hui. Car si je prétendois lui donner un autre mari, elle me diroit aussitôt : *Pere, à quoi penses-tu ? suis-je ton esclave ? Ne dois-je pas joüir de ma liberté ? Dois-je me marier pour toi ? Epouserai-je un homme qui me déplaît, pour te satisfaire ? Comment pourrai-je souffrir un époux qui achete mon corps à mon pere, & comment pourrai je estimer un pere qui vend sa fille à un brutal ? Est-ce qu'il me sera possible d'aimer les enfans d'un homme que je n'aime pas ? Si je me marie avec lui, pour t'obéir, & que je le quitte au bout de quinze jours, suivant le privilége & la liberté naturelle de la Nation, tu diras que* CELA VA MAL; *cela te déplaira; tout le monde en rira, & peut-être, je serai grosse.* Voilà, mon cher Frere, ce que ma fille auroit sujet de me répondre ; & peut-être, encore pis, comme il arriva il y a quelques années à un de nos vieillards, qui prétendoit que sa fille se mariât avec un homme qu'elle n'aimoit pas. Car elle lui dit, en ma presence, mille choses plus dures, en lui reprochant qu'un homme d'esprit ne devoit jamais s'exposer à donner des conseils aux personnes dont il en pourroit recevoir, ni exiger de ses enfans des obéïssances qu'il connoît impossibles. Enfin, elle ajoûta à tout cela, qu'il étoit vrai qu'elle étoit sa fille, mais qu'il devoit se contenter d'avoir eû le plaisir de la faire, avec une femme qu'il aimoit autant que cette fille haïssoit le Mari que son Pere prétendoit lui donner. Il faut que tu saches que nous ne faisons jamais de mariage entre parens, quelque éloigné que puisse être le degré de parentage. Que nos femmes ne se remarient plus dés qu'elles ont atteint l'âge de quarante ans, parceque les enfans qu'elles font au-dessus de cet âge-là sont de mauvaise constitution. Cependant, ce n'est pas à dire qu'elles gardent la continence; au contraire, elles sont beaucoup plus passionnées à cet âge qu'à vingt-ans; ce qui fait qu'elles écoutent si favorablement les François, & que même elles se donnent le soin de les rechercher. Tu sçais bien que nos femmes ne sont pas si fécondes que les Françoises, quoi-qu'elles se lassent moins qu'elles d'être embarassées; cela me surprend, car il arrive en cela tout le contraire de ce qui dévroit arriver.

LAHONTAN.

C'est par la même raison que tu viens de dire, mon pauvre Adario, qu'elles ne conçoivent pas si facilement que nos Femmes. Si elles ne prenoient pas si fréquemment les plaisirs de l'amour, ni avec tant d'avidité, elles donneroient le temps à la matière convenable à la production des enfans, de se rendre telle qu'il faut qu'elle soit pour engendrer. Il en est de même d'un Champ, dans lequel on semeroit sans cesse du bled d'Inde, sans le laisser jamais en friche ; car il arriveroit qu'à la fin il ne produiroit plus rien, comme l'expérience te l'a, sans doute, fait voir ; au lieu qu'en laissant reposer ce champ, la terre reprend ses forces, l'air, le serain, les plûyes, & le soleil lui redonnent un nouveau suc, qui fait germer le grain qu'on y seme. Or, écoute un peu, mon Cher, ce que je te veux dire. Pourquoi est-ce que les femmes sauvages étant si peu fécondes, ont si peu l'acroissement de leur Nation en vûë, qu'une fille se fait avorter, lorsque le Pere de son Enfant vient à mourir ou à être tué, avant que sa grossesse soit reconnuë. Tu me répondras que c'est pour conserver sa réputation, parce qu'ensuite elle ne trouveroit plus de Mari : Mais, il me semble que l'intérêt de la Nation, laquelle dévroit se multiplier, n'est guére en recommandation dans l'esprit de vos femmes. Il n'en est pas ainsi des nôtres ; car, comme tu me le disois l'autre jour, nos Coureurs de bois, & bien d'autres, trouvent assez souvent de nouveaux enfans dans leurs Maisons, au retour de leurs Voyages. Cependant ils s'en consolent, car ce sont des corps pour la Nation, & des ames pour le Ciel. Après cela ces femmes sont autant deshonorées que les vôtres, & quelquefois on les met en prison pour toute leur vie ; au lieu que les vôtres peuvent avoir ensuite tant de galans qu'elles veulent. C'est une très-abominable cruauté de détruire son enfant. C'est ce que le Maître de la vie ne sçauroit jamais leur pardonner. Ce seroit un des principaux abus à réformer parmi vous. Ensuite, il faudroit retrancher la nudité ; car enfin le privilége que vos Garçons ont d'aller nuds, cause un terrible ravage dans le cœur de vos filles ; car n'étant pas de bronze, il ne se peut faire qu'à l'aspect des piéces, que je n'oserois nommer, elles n'entrent en rut en certaines occasions, où ces jeunes Coquins font voir que la Nature n'est ni morte ni ingrate envers eux.

ADARIO.

La raison que tu me donnes de la sterilité de nos femmes est merveilleuse, car je conçois maintenant que cela se peut. Tu condamnes aussi fort à propos le crime de ces Filles qui se font avorter avec leurs breuvages. Mais ce que tu dis de la nudité ne s'acorde guére avec le bon sens. Je conviens que les Peuples chez qui le *tien* & le *mien* sont introduits, ont grande raison de cacher non-seulement leurs Parties viriles, mais encore tous les autres membres du corps. Car à quoi serviroit l'or & l'argent des François, s'ils ne les emploioient à se parer avec de riches habits ? puisque ce n'est que par le vétement qu'on fait état des gens. N'est-ce pas un grand avantage pour un François de pouvoir cacher quelque défaut de nature sous de beaux habits ? Crois-moi, la nudité ne doit choquer uniquement que les gens qui ont la proprieté des biens. Un laid homme parmi vous autres, un mal bâti trouve le secre de se rendre beau & bien-fait, avec une belle perruque, & des habits dorez, sous lesquels on ne peut distinguer les hanches & les fesses artificielles d'avec les naturelles. Il y auroit encore un grand inconvenient si les Européans alloient nuds ; c'est que ceux qui seroient bien armez trouveroient tant de pratique & tant d'argent à gagner, qu'ils ne songeroient à se marier de leur vie, & qu'ils donneroient occasion à une infinité de femmes de violer la foi conjugale. Imagine-toi que ces raisons n'ont aucun lieu parmi nous, où il faut que tout serve, sans exception tant petits que grands ; les filles qui voient de jeunes gens nuds, jugent à l'œil de ce qui leur convient. La nature n'a pas mieux gardé ses proportions envers les femmes qu'envers les hommes. Ainsi, chacune peut hardiment juger qu'elle ne sera pas trompée en ce qu'elle attend d'un mari. Nos femmes sont capricieuses, comme les vôtres, ce qui fait que le plus chetif Sauvage peut trouver une femme. Car comme tout paroît à découvert, nos filles choisissent quelquefois suivant leur inclination, sans avoir égard à certaines proportions : les unes aiment un homme bien fait, quoi qu'il ait je ne sçai quoi de petit en lui. D'autres aiment un mal bâti pourvû qu'elles y trouvent je ne sçai quoi de grand ; & d'autres préférent un homme d'esprit & vigoureux, quoi qu'il ne soit ni bien fait, ni bien pourvû de ce que je n'ai pas voulu nommer. Voilà, mon Frere, tout ce que je puis te répondre sur le crime de la nudité, qui comme tu sçais, ne doit uniquement être imputé qu'aux garçons ; puisque les gens veufs ou mariez cachent soigneusement le devant & le derriere. Au reste, nos filles sont en récompense plus modestes que les vôtres ; car on ne voit en elles rien de nud que le gras de la jambe, au lieu que les vôtres montrent le sein tellement à découvert que nos jeunes gens ont le nez collé sur le ventre, lorsqu'ils trafiquent leurs Castors aux belles Marchandes qui sont dans vos Villes. Ne seroit-ce pas là, mon Frere, un abus à réformer parmi les François ? Car, enfin, ne sçai-je pas de bonne part qu'il n'est guére de Françoise qui puisse résister à la tentation de l'objet de qui leur sein découvert provoque l'émotion. Ce seroit le moien de préserver leurs maris du mal chimérique de ces cornes que nous plantons sur leur front, sans les toucher, ni même les voir ; ce qui se fait par un miracle que je ne sçaurois concevoir. Car, enfin, si je plante un pommier dans un jardin, il ne croît pas sur le sommet d'un rocher ; ainsi vos cornes invisibles ne doivent prendre racine qu'à l'endroit où leur semence est jettée ; d'où il s'ensuit qu'elles dévroient sortir du front de vos femmes, pour representer les outils du mari & du galand. Au reste, cette folie de cornes est épouventable ; car pourquoi chagriner un mari de cette injure, à l'occasion des plaisirs de sa femme ? Or s'il faut épouser les vices d'une femme en l'épousant, le mariage des François est un Sacrement qui ne doit pas être fondé sur la droite raison; ou bien il faut de necessité retenir son épouse sous la clef pour éviter ce deshonneur. Il faut que le nombre de ces maris soit bien grand ; car, enfin, je ne conçois pas qu'une femme puisse penser à la rigueur de cette chaîne éternelle, sans chercher quelque espéce de soulagement à ses maux, chez quelque bon ami. Je pardonnerois les François s'ils s'en tenoient à leur mariage sous certaines conditions ; c'est-à-dire, pourvû qu'il en provint des enfans, & que le mari & la femme eussent toûjours une assez bonne santé pour s'aquiter, comme il faut, du devoir du mariage. Voilà tout le réglement qu'on pourroit faire chez des Peuples qui ont le *Tien* & le *Mien*. Or il s'agit encore d'une chose impertinente ; c'est que parmi vous autres Chrétiens les hommes se font gloire de débaucher les femmes; comme s'ils ne devoient pas, selon toute sorte de raisons, être aussi criminel aux uns qu'aux autres de succomber à la tentation de l'amour. Vos jeunes gens font tous leurs éforts pour tenter les filles & les femmes. Ils emploient toutes sortes de voies pour y réüssir. Ensuite ils le publient, ils le disent par tout. Chacun loüe le Cavalier, & méprise la Dame ; au lieu de pardonner la Dame, & de châtier le Cavalier. Comment prétendez-vous que vos femmes vous soient fidéles, si vous ne l'êtes pas à elles ? Si les maris ont des maîtresses, pourquoi leurs épouses n'auront-elles pas des amans ? Et si ces maris préférent les jeux & le vin à la compagnie de leurs femmes, pourquoi ne chercheront elles pas de la consolation avec quelque ami ? Voulez-vous que vos femmes soient sages,

soiez

foiez ce que vous apellez *Sauvages*, c'eſt-à-dire, foiez *Hurons*; aimez-les comme vous-mêmes, & ne les vendez pas. Car je connois certains maris parmi vous qui conſentent auſſi lâchement au libertinage de leurs épouſes, que des meres à la proſtitution de leurs filles. Ces gens-là ne le font que parce que la néceſſité les y oblige. Sur ce pied-là c'eſt un grand bonheur pour les Hurons de n'être pas réduits à faire les baſſeſſes, que la miſere inſpire aux gens qui ne ſont pas accoûtumez d'être miſérables. Nous ne ſommes jamais ni riches, ni pauvres; & c'eſt en cela que nôtre bonheur eſt au-deſſus de toutes vos richeſſes. Car nous ne ſommes pas obligez de vendre nos femmes & nos filles, pour vivre aux dépens de leurs travaux amoureux. Vous dites qu'elles ſont ſottes. Il eſt vrai, nous en convenons; car elles ne ſçavent pas écrire des billets à leurs amis, comme les vôtres; & quand cela feroit, l'eſprit des Hurones n'eſt pas aſſez pénétrant pour choiſir à la phiſionomie des vieilles aſſez fidéles pour porter ces lettres galantes ſous un ſilence éternel. Ha! maudite écriture! pernicieuſe invention des Européans, qui tremblent à la vûë des propres chiméres qu'ils ſe repreſentent eux-mêmes par l'arrangement de vingt & trois petites figures, plus propres à troubler le repos des hommes qu'à l'entretenir. Les Hurons ſont auſſi des ſots, s'il vous en faut croire, parce qu'ils n'ont point d'égard à la perte du pucelage des filles qu'ils épousent; & qu'ils prennent en mariage des femmes que leurs camarades ont abandonnées. Mais, mon Frere, dis-moi, je te prie, les François en sont-ils plus sages pour s'imaginer qu'une fille est pucelle, parce qu'elle crie, & qu'elle jure de l'être? Or, suposons qu'elle soit telle qu'il la croit, la conquête en est-elle meilleure? Non, vraîment, au contraire, le mari est obligé de lui aprendre un exercice qu'elle met ensuite en pratique avec d'autres gens, lorsqu'il n'est pas en état de le continuër journellement avec elle. Pour ce qui est des femmes que nous épousons après la séparation de leurs maris, n'est-ce pas la même chose que ce que vous apellez se marier avec des Veuves? Néanmoins avec cette diférence que ces femmes ont tout lieu d'être persuadées que nous les aimons, au lieu que la plûpart de vos Veuves ont tout sujet de croire que vous épousez moins leurs corps que leurs richesses. Combien de désordres n'arrive-t'il pas dans les familles par des mariages comme ceux-là? Cependant, on n'y remédie pas, parce que le mal est incurable, dès que le lien conjugal doit durer autant que la vie. Voici encore une autre peine parmi vous autres, qui me paroît tout-à-fait cruelle. Vôtre mariage est indissoluble, cependant une fille & un garçon qui s'aiment réciproquement ne peuvent pas se marier ensemble sans le consentement de leurs parens. Il faudra qu'ils se marient l'un & l'autre au gré de leurs peres, & contre leurs desirs, quelque répugnance qu'ils aient, avec des personnes qu'ils haïssent mortellement. L'inégalité d'âge, de bien, & de condition causent tous ces désordres. Ces considérations l'emportent sur l'amour mutuel des deux parties, qui sont d'accord entr'elles. Quelle cruauté & quelle tirannie d'un pere envers ses enfans? Voit-on cela parmi les Hurons? Ne sont-ils pas aussi nobles, aussi riches les uns que les autres? Les femmes n'ont-elles pas la même liberté que les hommes, & les enfans ne joüissent-ils pas des mêmes priviléges que leurs peres? Un jeune Huron n'épousera-t'il pas une des esclaves de sa mere, sans qu'on soit en droit de l'en empêcher? Cette esclave n'est-elle pas faite comme une femme libre, & dès qu'elle est belle, qu'elle plaît ne doit-elle pas être préférable à la fille du grand Chef de la Nation, qui sera laide? N'est-ce pas encore une injustice pour les peuples qui détestent la communauté des biens; que les Nobles donnent à leur premier fils presque tout leur bien, & que leurs freres & les sœurs de celui-ci soient obligez de se contenter de très-peu de chose; pendant que cet aîné ne sera peut-être pas légitime, & que tous les autres le seront? Qu'en arrive-t'il si ce n'est qu'on jette les filles dans des Convens, prisons perpetuelles, par une barbarie qui ne s'accorde guére avec cette charité Chrétienne, que les Jésuites nous prêchent? Si ce sont des garçons, ils se trouvent réduits à se faire Prêtres, ou Moines, pour vivre du beau métier de prier Dieu malgré eux, de prêcher ce qu'ils ne font pas, & de persuader aux autres, ce qu'ils ne croient pas eux-mêmes. S'il s'en trouve qui prennent le parti de la guerre, c'est plûtôt pour piller la Nation, que pour la défendre de ses ennemis. Les François ne combattent point pour l'intérêt de la Nation, comme nous faisons, ce n'est que pour leur propre intérêt & dans la vûë d'aquérir des emplois, qu'ils combattent. L'amour de la patrie & de leurs compatriotes y ont moins de part que l'ambition, les richesses, & la vanité. Enfin, mon cher Frere, je conclus ce discours en t'assûrant, que l'amour propre des Chrétiens, est une folie que les Hurons condamneront sans cesse. Or cette folie qui régne en tout parmi vous autres François, ne se remarque pas moins dans vos amours & dans vos mariages; lesquels sont aussi bisarres que les gens qui donnent si sottement dans ce paneau.

LAHONTAN.

Ecoute, *Adario*, je me souviens de t'avoir dit qu'il ne falloit pas juger des actions des honnêtes gens, par celles des coquins. J'avouë que tu as raison de blâmer certaines actions que nous blâmons aussi. Je conviens que la propriété de biens est la source d'une infinité de passions, dont vous êtes exempts. Mais, si tu regardes toutes choses du bon côté, & sur tout nos amours & nos mariages; le bel ordre qui est établi dans nos familles & l'éducation de nos enfans, tu trouveras une conduite merveilleuse dans toutes nos Constitutions. Cette liberté que les Hurons nous prêchent, cause un désordre épouventable. Les enfans sont aussi grands maîtres que leurs peres, & les femmes qui doivent être naturellement sujettes à leurs maris, ont autant de pouvoir qu'eux. Les filles se moquent de leurs meres, lorsqu'il s'agit de prêter l'oreille à leurs amans; En un mot, toute cette liberté se réduit à vivre dans une débauche, perpetuelle, & donne à la nature tout ce qu'elle demande, à l'imitation des bêtes. Les filles des Hurons font consister leur sagesse dans le secret, & dans l'invention de cacher leurs débauches. * *Courir l'aluméte* parmi vous autres, est ce qui s'apelle chez nous, *chercher avanture*. Tous vos jeunes gens courent cette aluméte tant que la nuit dure. Les portes des chambres de vos filles sont ouvertes à tous venans; & s'il se présente un jeune homme qu'elle n'aime pas, elle se couvre la tête de sa couverture. C'est-à-dire qu'elle n'en est point tentée. S'il en vient un second, peut-être elle lui permettra de s'asseoir sur le pied

* *C'est entrer pendant la nuit, dans la chambre de sa Maîtresse, avec une espéce de Chandéle.*

de son lit, pour parler avec elle, sans passer outre. C'est à-dire qu'elle veut ménager ce drôle-là pour avoir plusieurs cordes à son arc; en vient-il un troisiéme qu'elle veut duper, avec une plus feinte sagesse, elle lui permettra de se coucher auprès d'elle sur les couvertures du lit. Celui-ci est-il parti, le quatriéme arrivant trouve le lit & les bras de la fille ouverts à son plaisir, pour deux ou trois heures; & quoi qu'il n'emploie ce tems-là à rien moins qu'en paroles, on le croit cependant à la bonne foi. Voilà, mon cher Adario, le putanisme de tes Huronnes couvert d'un manteau d'honnête conversation, & d'autant plus que quelque indiscrétion que puissent avoir les amans envers leur maîtresses : ce qui n'arrive guéres : bien loin de les croire, on les traite de *jaloux*, qui est une injure infâme parmi vous autres. Après tout ce que je viens de dire, il ne faut pas s'étonner si les Amériquaines ne veulent point entendre parler d'amour pendant le jour, sous prétexte que la nuit est faite pour cela. Voilà ce qu'on apelle en France *cacher adroitement son jeu.* S'il y a de la débauche parmi nos filles, au moins il y a cette diférence que la régle n'est pas générale, comme parmi les vôtres, & que d'ailleurs elle ne vont pas si brutalement au fait. L'amour des Européanes est charmant, elles sont constantes & fidéles jusqu'à la mort; lorsqu'elles ont la foiblesse d'accorder à leurs amans la derniere faveur, c'est plûtôt en vertu de leur mérite intérieur, qu'extérieur, & toûjours moins par le defir de fe contenter elles-mêmes, que de donner des preuves fenfibles d'amour à leurs amans. Ceux-ci font galans, cherchant à plaire à leurs maîtreſſes par des manieres tout-à-fait jolies, comme par le refpect, par les affiduitez, par la complaifance. Ils font patiens, zélés, & toûjours prêts à facrifier leur vie & leurs biens pour elle; ils foûpirent long-tems avant que de rien entreprendre. Car ils veulent mériter la derniere faveur par des longs fervices. On les voit à genoux aux pieds de leurs maîtreſſes mendier le privilége de leur baifer la main. Et comme le chien fuit fon maître en veillant lorfqu'il dort; auffi chez nous un véritable amant ne quitte point fa maîtreſſe, & il ne ferme les yeux que pour fonger à elle, pendant le fommeil. S'il s'en trouve quelqu'un affez fougueux pour embraſſer fa maîtreſſe brufquement à la premiere occafion, fans avoir égard à fa foibleſſe, on l'apelle *Sauvage* parmi nous, c'eft-à-dire homme fans quartier, qui commence par où les autres finiſſent.

ADARIO.

Hô, hô, mon cher Frere, es François ont-ils bien l'efprit d'apeller ces gens-là *Sauvages*? Ma foi, je ne croiois pas que ce mot-là fignifiât parmi vous un homme fage & conclufif; je fuis ravi d'aprendre cette nouvelle; ne doutant pas qu'un jour vous n'apelliez

Sauvages, tous les François qui seront assez sages pour suivre exactement les véritables règles de la justice & de la raison. Je ne m'étonne plus de ce que les rusées Françoises aiment tant les Sauvages; elles n'ont pas tout le tort; car, à mon avis, le tems est trop cher pour le perdre, & la jeunesse trop courte pour ne pas profiter des avantages qu'elle nous donne. Si vos filles sont constantes à changer sans cesse d'amans, cela peut avoir quelque raport à l'humeur des nôtres. Mais, lorsqu'elles se laissent fidélement caresser par trois ou quatre, en même-tems, cela est très-diférent du génie des Hurones. Que les amans François passent leur vie à faire les folies que tu viens de me dire, pour vaincre leurs maîtresses, c'est-à-dire qu'ils emploient leur tems, & leurs biens à l'achat d'un petit plaisir précédé de mille peines & de mille soucis, je ne les en blâmerai pas, puisque j'ai fait la folie de me risquer sur d'impertinens Vaisseaux à traverser les Mers rudes qui séparent la France de ce continent, pour avoir le plaisir de voir le Païs des François. Ce qui m'oblige à me taire. Mais les gens raisonnables diront que ces sortes d'amans sont aussi foux que moi; avec cette diférence que leur amour passe aveuglement d'une maîtresse à l'autre, les exposant à soufrir les mêmes tourmens, au lieu que je ne passerai plus de ma vie de l'Amérique en France.

Fin des Dialogues.

VOIAGES
DE
PORTUGAL
ET DE
DANEMARC.

MONSIEUR,

Una salus victis nullam sperare salutem.

CELA veut dire que sur les méchantes nouvelles que vous m'aprenez, au sujet de mon affaire, je me sens encore assez de sang aux ongles pour braver tous les revers de la Fortune. L'Univers, qui est la Patrie des Irondéles & des Jésuites, doit être aussi la mienne, jusqu'à ce qu'il plaise à Dieu de faire aller en l'autre monde des gens qui lui sont fort inutiles en celui-ci. Je fuis ravi que les mémoires de *Canada* vous aient plû, & que mon stile sauvage ne vous ait pas éfraié. Après tout, vous auriez tort

F 5

de trouver à redire à ce jargon ; car nous sommes vous & moi d'un Païs, où l'on ne sçait parler François que lorsqu'on n'a plus la force de le prononcer. D'ailleurs, il n'est pas possible qu'aiant passé si jeune dans l'Amérique, j'aie pû trouver en ce païs-là le secret d'écrire poliment. C'est une science qu'on ne sçauroit aprendre parmi des Sauvages, dont la societé rustique est capable d'abrutir les gens du monde les plus polis. Vous me pressez de continuër à vous aprendre de nouvelles choses ; j'y consens : mais ne comptez pas, au moins, que je vous envoie ces belles descriptions que vous demandez ; car ce seroit m'exposer à la risée des personnes ausquelles vous pourriez les communiquer. Je ne me sens pas assez habile homme pour encherir sur les Remarques curieuses qu'une infinité de voiageurs ont bien voulu donner au Public. C'est assez que je vous fournisse des mémoires particuliers sur certaines choses, dont on a fait si peu de cas qu'on n'a pas crû devoir se donner la peine d'y faire attention. Et comme ce sont des matieres qui n'ont jamais été sous la Presse, vous y trouverez, peut-être, quelque sorte de plaisir, par raport à la nouveauté. Sur ce pied-là je serai ponctuel à vous écrire, de quelque coin du monde où mon infortune me jette, à condition que vous le serez aussi à me répondre exactement. Au reste, je me eroi obligé de vous avertir que je ne sçaurois me résoudre à franchiser les noms étrangers. Je les écrirai comme les gens du Païs les écrivent, c'est-à-dire, de la maniere qu'ils le doivent être. Après cela vous les prononcerez comme il vous plaira. Vous sçavez que je vous écrivis il y a deux mois & demi, qu'après avoir compté près de trois cens pistoles au Capitaine du Vaisseau qui me sauva de *Plaisance* à *Vianna*, je fus assez heureux de mettre pied à terre à cette Cité des *Callaiques*; ainsi donc il ne me reste qu'à reprendre de là le fil de mon Journal.

Je ne fus pas plûtôt sorti de la Chaloupe qu'un Gentilhomme François, qui sert le Roi de Portugal, * depuis trente & quatre ans, en qualité de Capitaine de Cavalerie, me fit offre de sa Maison ; car il n'y avoit en ce lieu-là que des Cabarets à Matelots. Le lendemain ce vieux Officier me conseilla de saluër Don *Joan de Souza* Gouverneur Général de la Province d'entre *Douro* & *Minho*, & m'avertit que tout le monde lui donnoit l'*Excellentia* & qu'il ne rendoit la *Senoria* qu'aux premiers Gentils-hommes du Roïaume, & la † *Merced* à tous les autres ; ce qui fit qu'au lieu de lui parler Espagnol, je me servis d'un Interprête qui métamorphosa tous les *Vous*

---

* Du tems de Mr. de Schomberg.
† *Merced* qui signifie *merci*, est un titre un peu au dessus de *Vous*.

de mon compliment en *excellence Portugaise.* Vianne dont la situation est à cinq lieües de Braga vers l'Occident, est renfermée dans un angle droit, dont la mer & la riviere de Lima font les deux côtez. J'y vis deux Monasteres de Bénédictines, si mal rantez qu'elles mourroient de faim, si leurs parens, ou plusieurs * Devotos, ne les secouroient. Il y a un très-bon Château sur le bord de la mer, fortifié selon les régles de Pagan. Il est garni de plusieurs grosses Couleuvrines, qui mettent à couvert des Salteins, les bâtimens qui moüillent à la †Rade où l'on est à l'abri des 14. vents contenus entre le Nord. & le Sud, vers la bande de l'Est. La riviere est un ¶ Havre de Barre dans lequel on ne sçauroit entrer sans la conduite des Pilotes de la Ville, qu'on fait venir à bord par le signal du Canon & du Pavillon en § Berne. C'est toûjours à l'instant de la pleine mer que les Vaisseaux se présentent devant cette ri-

* *Devotos* ce sont les amis des Nonains. Ce mot signifie *dévoüés.*

† *Rade*, moüillage près des Côtes, où l'on est à couvert des vents qui viennent de ces Côtes.

¶ *Havre de Barre*, Port où l'on ne peut entrer qu'au tems de la pleine mer, parce que les Vaisseaux trouvent alors assez d'eau pour passer sur les sables, ou sur les fonds plats, sans échoüer ni toucher. Baione, Bilbao, Stona, Vianne, Porto, Aveiro, Mondego, Lisbone, Salé, sont tous des Havres de Barre.

§ *Pavillon en Berne*, c'est le tenir frelé, ou pendant en monceau du haut en bas.

vière, dans laquelle ils affechent enfuite toutes les marées, à moins qu'ils ne foient placez à la foffe qui conferve, pour le moins, 8. ou 10. braffes d'eau de baffe mer. Le 4. de Février aiant loüé deux mules, l'une pour moi, l'autre pour mon Valet, fur le pied de trois piaftres d'Efpagne, je piquai de fi bonne grace que j'arrivai le foir à *Porto*, quoique cette journée foit de 12. lieuës, d'une heure de chemin. Ces animaux amble vîte & legérement, fans broncher, ni fatiguer ceux qui les montent. Les Cavaliers ont la commodité de s'apuier, quand ils veulent fur leur valife, qui eft foûtenuë fur deux cerceaux de fer, vers le pomeau des felles du Païs, dont la dureté n'accommode pas les gens auffi maigres que moi. Au refte, le chemin, quoique pierreux, eft affez bon, le terrain eft égal, le païfage riant, & la côte de la mer ornée de quelques gros Villages, dont les principaux font *Expofende*, *Faous*, & *Villa de Condé*. En arrivant à *Porto*, mon Guide me logea dans une Auberge Angloife, qui eft la feule dont on fe puiffe accommoder. Cette Ville-là eft remplie de Marchands François, Anglois & Hollandois, à caufe de l'avantage qu'ils retirent du commerce; quoique les derniers foient affez accoûtumez à faire de grandes pertes, depuis le commencement de la guerre, par l'inhumanité de nos Capres, qui ne fe font pas de scrupule de prendre leurs Vaisseaux. *Porto* est bâti sur la pente d'une Montagne assez escarpée, au pied de laquelle on voit couler la riviere de *Duero*, qui se déchargeant une lieuë plus bas dans la Mer, passe sur une * Barre située à son embouchûre, où les sages Navigateurs ne doivent se presenter que dans un beau tems, après avoir eû la précaution de faire venir à bord les Pilotes du Païs ; car il se trouve des Rochers cachez & découverts sur les sables de cette barre, qui la rendent inaccessible aux étrangers. Les Vaisseaux de 400. tonneaux y trouvent assez d'eau vers le moment de la pleine mer, qui est le véritable tems dont il est à propos de se servir pour entrer dans cette Riviere. Il régne un beau quai d'une extrêmité de la Ville à l'autre ; le long duquel chaque bâtiment est amarré vis-à-vis de la maison de son propriétaire. J'eus le tems de voir la Flotte Marchande du *Brezil*, qui consistoit en 32. Navi-

* Barre est à proprement parler un banc de sable, qui traverse ordinairement l'entrée des Rivieres, qui ne sont pas assez rapides pour repousser dans la Mer les sables que les vagues y accumulent, lorsque les vents du large soufflent avec impétuosité. Toutes les barres peuvent être apelées bancs de sable, car je n'ai jamais oüi dire qu'il y ait au monde aucune barre de chaîne de Rochers. Or comme ces sables s'élevent vers la surface de l'eau comme un petit côteau dans une plaine, les Vaisseaux n'y sçauroient passer qu'au tems de la pleine mer, parce qu'alors ils trouvent assez d'eau pour flotter au dessus.

res Portugais, dont le moindre étoit armé de 22. Canons. Outre cela, je vis encore dans la riviere quantité de Vaisseaux étrangers, sur tout cinq ou six Armateurs François, qui s'étoient jettez-là pour acheter des vivres & des munitions. Cette Ville de *Porto* est belle, propre, & bien pavée ; mais aussi très-incommode par le desavantage de sa situation montueuse. Car il faut toûjours monter & décendre. La Galerie des Chanoines Réguliers de S. Augustin, est une piece d'Architecture aussi curieuse par son extrême longueur, que leur Eglise, par sa figure en rotonde, & par la richesse du dedans. Il y a un Parlement, un Evêché, des Academies où les jeunes Gens aprénent leurs exercices & un Arsenal pour l'équipement des Vaisseaux de guerre qu'on bâtit annuellement près de l'embouchûre de la riviere. Je suis surpris que cette Ville ne soit pas mieux fortifiée, puisque c'est la seconde du Roïaume. Les murailles de l'enceinte n'ont que six pieds d'épaisseur, & de distance à autre on découvre des Tours ruïnées, que le temps a dégradé. C'est un ouvrage des *Mores*, & même des plus irréguliers de ces temps là. Jugez de-là, Monsieur, s'il seroit difficile d'emporter cette Place d'emblée. Bien en prend aux Portugais que cette Province, qui est une des meilleures du Roïaume, soit presque inaccessible à leurs ennemis, tant par mer, que par terre.

D'un côté à cause des barres, dont j'ai parlé, & de l'autre à cause d'une infinité de Montagnes impraticables. Elle est très-bien peuplée. Toutes les Vallées sont peines de Bourgs & de Villages ; où il se recüeille quantité de vin & d'olives, & où l'on nourrit un assez grand nombre de Bestiaux, & même la laine qu'on en tire est assez fine : Je vous dis ceci sur le raport de quelques Marchans François, qui connoissent parfaitement bien cette Province-là. On m'a dit qu'il est impossible de rendre la riviere de *Duero* navigable pour des Bâteaux, à cause de quelques cascades & courans qui se trouvent entre des rochers éfroiables. Contentez vous de ceci, je n'en sçai pas davantage.

Le 10. je partis pour *Lisbonne*, dans une Littiere que je loüai dix-huit mille six cens *Reis*, qui font un nombre de pieces capable de surprendre tout-d'un-coup des gens qui ne sçauroient pas que ce ne sont que des deniers. Or comme c'est de cette maniere-là que les Portugais font tous leurs comptes, il faut vous expliquer qu'un *Reis* n'est autre chose qu'un denier & que cette nombreuse quantité de pieces se réduit simplement à 25. Piastres. Sur ce pied-là mon Literier s'obligea de me rendre à *Lisbonne* le 9me. jour de marche, quoi qu'il dût s'écarter deux ou trois lieuës de la route, pour satisfaire la curiosité que j'avois de passer à *Aveiro*, où j'arrivai le

ET DE DANEMARC. 137

lendemain. Cette Bicoque est située sur les rives de la mer, & d'une petite Riviere de barre, où les Bâtimens qui ne *callent que 8. ou 9. pieds, entrent de pleine mer sous la conduite des Pilotes costiers. Elle est fortifiée à la Moresque, comme celle de *Porto*. Il s'y fait une assez grande quantité de sel pour en fournir abondamment deux ou trois Province. On y voit un très-beau monastére de Réligieuses qui font leurs preuves d'ancienne noblesse & d'origine † *Christiaon veilhos*. La campagne est charmante jusqu'à trois lieuës vers l'Orient, c'est-à-dire jusqu'au grand chemin de *Lisbonne*, qui est borné par une chaîne de Montagnes de *Porto* jusqu'à *Coimbre*. J'entrai le 14. dans cette derniere Ville, & voulant voir l'Université, mon Literier m'assura que cette curiosité me coûteroit un jour de retardement. Ce Collége, dont quelques Voiageurs ont fait mention, se rend assez fameux par le soin que le Roi de Portugal a eû d'y faire fleurir les Sciences depuis son avénement à la Couronne. Il n'y a rien qui soit digne de remarque dans cette Ville-là, si ce n'est un double Pont de pierre, entre lequel, étant l'un sur l'autre, on peut traverser la riviere par un chemin couvert : On voit deux beaux Couvents l'un de Moi-

* *Caller*, c'est enfoncer dans l'eau.
† C'est-à-dire de vieux Chrétien. Grand Titre d'honneur dans ce Païs-là, par sa rareté.

nes & l'autre de Réligieuses, situez à quarante ou cinquante pas l'un de l'autre. *Coimbre* a titre de Duché. Cette Ville joüit de plusieurs priviléges & prérogatives considérables. Elle est située à six lieuës de la Mer, au pied d'une côte escarpée, sur laquelle on découvre des Eglises, des Monasteres, & deux ou trois belles Maisons. Son Evêché, qui est Suffragant de *Braga*, est un des meilleurs du Roiaume. De Coimbre à *Lisbonne* le chemin est beau, le païsage riant, & le Païs assez bien peuplé. J'arrivai à cette Capitale le 18. étant moins fatigué, que chagrin de m'être servi d'une Voiture, qui par sa lenteur ne peut convenir qu'aux Dames & aux Vieillards. J'aurois eû plus d'agrément en me servant de Mules. Car en ce cas, j'eusse fait ce petit voiage en cinq jours, à très-peu de frais : c'est-à-dire pour 13. piastres, maître & valet. Au reste, il est à propos de vous dire, en passant, que les gens un peu délicats n'auroient jamais suporté sans mourir, l'incommodité des * *Posadas* de la Route dont la description pitoiable sufiroit pour vous ôter l'envie d'aller à Lisbonne, quelque affaire que vous y eussiez. Je m'en suis pourtant accommodé comme des meilleures Auberges de France ; car n'aiant fait de ma vie d'autre métier que de courir les Mers, les

* *Posadas*, Retraite ou espece de cabarets pour les Voiageurs.

Lacs, & les Rivieres de Canada, vivant le plus souvent de racines & d'eau, sous des Tentes d'écorce, je dévorois comme un perdu, tout ce qu'on avoit le soin de me presenter, dans ces misérables Hôpitaux. Imaginez-vous, Monsieur, que l'Hôte conduit les Voiageurs dans un Réduit qu'on prendroit plûtôt pour un Cachot que pour une chambre. C'est-là qu'il faut attendre avec beaucoup de patience quelques ragoûts assaisonnez d'ail, de poivre, de ciboules, & de cent herbes médicinales dont l'odeur feroit perdre l'apetit à l'*Iroquois*, le plus affamé. Pour comble de disgrace, on est obligé de se reposer sur de certains matelas étendus sur le plancher, sans couverture ni paillasse; & comme ils ne sont guéres plus épais que cette Lettre, il en faudroit au moins deux ou trois cens pour être couché plus mollement que sur les pierres. Il est vrai que l'Hôte en fournit autant qu'on en souhaite, au prix d'un sol la piéce. Et qu'il se donne la peine de les secouër & de les battre pour faire tomber les puces, les punaises, &c. Graces à Dieu, je n'ai pas eû besoin de m'en servir, car j'ai toûjours conservé mon * *Hamak* qu'il est facile de suspendre en tous lieux, par le moien de deux grosses vrilles de fer. Au reste, ce que je vous dis ici de ces cabarets, n'est qu'une bagatelle, en comparaison de ceux

---

* *Hamak* est une espece de branle de coton, plus long & plus large que les branles des Matelots.

d'Espagne, s'il en faut croire des gens dignes de foi; c'est ce qui fait, à mon avis, qu'il n'en coûte presque rien pour la bonne chere, dans les uns & dans les autres.

Le jour d'après mon arrivée à Lisbonne, je saluai Mr. l'Abbé *d'Estrées*, que le Roi de Portugal estime infiniment. Il est si fort honoré de tout le monde, qu'on le qualifie avec raison de O *mais perfecto dos perfectos Cavalheiros*, c'est-à-dire *du plus parfait des parfaits Cavaliers*. Son équipage est assez magnifique, quoiqu'il n'ait pas encore fait son Entrée publique. Sa Maison est très-bien réglée, son Hôtel richement meublé, & sa Table délicate & bien servie. Il donne souvent à manger aux gens de quelque distinction, qui ne le verroient jamais s'il ne leur donnoit la main. Cette déférence me paroîtroit ridicule, si le Roi son Maître ne l'avoit ainsi réglé du tems de Mr. * *d'Opede*. Car, après tout, il est choquant que le dernier Enseigne de l'Armée prenne la main chez un Ambassadeur, qui la refuse à tout Ministre du second rang. Les Gentils-hommes Portugais sont fort honnêtes gens, mais ils sont si remplis d'eux-mêmes, qu'à peine s'imaginent-ils qu'on puisse trouver au monde de Noblesse plus pure & plus ancienne que la leur. Les Titulaires se font traiter *d'Excellence*, & leur délicatesse va jusqu'au

* *Opede*, autrefois Ambassadeur de France en cette Cour.

point de ne jamais rendre visite aux personnes qui logent dans les Auberges. Il faut être d'une illustre naissance pour avoir le * Don. Car les Charges les plus honorables ne sçauroient donner ce vénérable Titre, puisque le Secrétaire d'Etat, qui en possède une des plus éclatantes du Roiaume, ne le prend pas. Le Roi de Portugal est grand, bien-fait, & de bonne mine; quoique son teint soit un peu brun. On dit qu'il est aussi constant en ses résolutions, qu'en ses amitiez. Il connoît très-bien l'état de son Roiaume. Il est si libéral, & si bien-faisant qu'il a de la peine à refuser les graces que ses Sujets lui demandent. Le Duc de *Cadaval*, qui est son premier Ministre, & son Favori, a de puissans Ennemis, parce qu'il paroît plus zélé qu'eux au service de ce Prince, & qu'il est un peu François. *Lisbonne* seroit une des plus belles Villes de l'Europe par sa situation, & par ses divers aspects, si elle étoit moins sale. Elle est située sur sept Montagnes, d'où l'on découvre les plus beaux païsages qui soient au monde, aussi-bien que la Mer, le fleuve du Tage, & les Forts qui gardent l'entrée de cette Riviere. Cette Ville montueuse incommode extrêmement les gens qui sont obligez d'aller à pied, sur tout les Voiageurs, dont la curiosité paroît un peu traversée par la peine

* *Don*, ce mot se raporte parfaitement à celui de *Messire*. Et en Espagne à celui de *Sire* ou *Sieur*. Dont les Serviteurs, &c. se qualifient.

de monter & décendre inceſſamment. Car on n'y trouve pas, comme ailleurs, des caroſſes de loüage. On y voit de très-belles & très-magnifiques Egliſes. Les plus conſidérables ſont la *Ceu*, nôtre Dame de *Loreto*, *ſan Vicente*, *ſan Roch*, *ſan Pable*, & *ſanto Domingo*. Le Monaſtére des Bénédictins de *ſan Bento* eſt un des plus beaux & des mieux rentés ; il eut le malheur de ſouffrir une incendie qui conſuma, le mois paſſé, une partie de ce bel Edifice, d'où je vis ſortir plus de vaiſſelle d'argent que ſix mulets n'auroient pû porter. Le Palais du Roi ſeroit un des plus ſuperbe de l'Europe s'il étoit achevé ; mais il en coûteroit du moins deux millions d'écus pour mettre cet ouvrage dans ſa perfection. La demeure ordinaire des Etrangers, eſt vers le *Remolar*, & dans les Maiſons de la Façade du Tage. Je connois pluſieurs Marchands François Catholiques & Proteſtans, qui font un commerce conſidérable dans ce Païs-là. Les premiers y ſont ſous la protection de France, & les ſeconds ſous celle d'Angleterre ou de Hollande. On y peut compter auſſi près de cinquante Maiſons Angloiſes, autant de Hollandoiſes, & quelques autres Etrangers, qui s'enrichiſſent en très-peu de temps, par le grand trafic des Marchandiſes de leur Païs. Les *Baetas d'Angleterre, qui ſont de petites étofes legéres s'y débitent avantageuſement. Les toiles de

* Etofes de Colcheſter.

France, les étofes de foie de Tours & de Lion, les rubans, les dentelles, & la quinquaillerie raportent de gros profits, par les retours de sucre, de tabac, d'indigo, de cacao, &c. * L'*Alfandiga* du sucre & du tabac est un des meilleurs revenus du Roi, aussi-bien que celle des soieries, des toiles & des draperies, qu'on est obligé d'y transporter en sortant des Vaisseaux pour y être plombées, moiennant certain tribut, proportioné à la valeur & à la qualité de ces effets. La *Merlusse* ou Moruë séche paie environ trente pour cent. Ce qui fait qu'on n'y gagne presque rien ; si ce n'est en la † primeure. Le tabac en poudre & en corde, qui sont en parti, comme je vous l'ai dit, se vendent en détail au même prix qu'en France : Car le premier se vend deux écus la livre, & le second cinquante sols, ou environ. On fraude aisément les droits de ces Doüanes, lorsqu'on est d'intelligence avec les Gardes, qui sont des fripons fléxibles au son d'une pistole. Il n'entre ni male ni valise dans la Ville, qui ne soient visitées par ces bonnes gens. Les galons, franges, brocars, & rubans d'or ou d'argent, sont confisquez comme marchandises de contrebande ; n'étant permis à qui que ce soit d'employer de l'or ni de l'argent filez en ses Habits, non plus qu'en ses meu-

* Doüane.

† C'est-à-dire dans le temps que les premiers Vaisseaux de Terre-Neuve arrivent à Lisbonne.

bles. Les livres, de quelque langue qu'ils soient, entrent aussi-tôt à l'Inquisition, pour y être examinez, & même brûlez, quand ils ont le malheur de déplaire aux Inquisiteurs. Ce Tribunal, dont un Médecin François nous a fait une description passionnée, par la triste expérience des maux qu'il a soufferts dans les Prisons de *Goa* ; ce Tribunal, dis-je, qui jette plus de feux & de flâmes que le *Mont Gibel*, est si ardent, que pour peu que cette lettre en aprochât, elle courroit autant de risque de brûler que celui qui l'écrit. Ce n'est donc pas sans raison que je prens la liberté de garder le silence ; d'autant plus que les Titulaires du Royaume qui sont presque tous * *Familiers* de ce saint Office, n'oseroient eux-mêmes en parler. Il y a quelques jours qu'un sage Portugais m'informant des mœurs & des maniéres des Peuples *d'Angola* & du *Brezil*, où il avoit été plusieurs années, se faisoit un plaisir d'écouter à son tour le récit que je lui faisois des Sauvages de *Canada* ; mais lorsque j'en vins à la grillade des prisonniers de guerre qui tomboient entre les mains des *Iroquois*, il s'écria d'un ton furieux, que les *Iroquois* de Portugal étoient bien plus cruels que ceux de l'Amérique, puisqu'ils brûloient, sans misericorde, leurs parens, & leurs amis, au lieu que les derniers ne faisoient endurer ce suplice qu'aux

* **Chevaliers craintifs.**

cruels

cruels ennemis de leur Nation. Les Portugais avoient autrefois une telle vénération pour les Moines, qu'ils se faisoient un scrupule d'entrer dans la chambre de leurs épouses, pendant que ces bons Peres les exhortoient à toute autre chose qu'à la pénitence. Mais il paroît aujourd'hui que cette liberté ne subsiste plus. Il faut avoüer aussi que la plûpart ménent une vie si déréglée qu'ils m'ont scandalisé cent fois par leurs débauches extraordinaires. Ils se servent des permissions du Nonce du Pape pour exercer toute forte de libertinage. Car ce Ministre Papal, dont le pouvoir est sans bornes envers les Ecclesiastiques, leur permet, au refus de leurs Superieurs, de porter le chapeau dans la Ville ; (c'est-à-dire d'aller sans compagnon) de coucher hors du Couvent, & même de faire quelque séjour à la Campagne ou ailleurs. Ils seroient, peut être, plus sages, & leur nombre plus petit, si on ne les obligeoit pas de faire leurs derniers vœux à l'âge de quatorze ans, aussi bien que les Religieuses. La plûpart des carrosses de Portugal sont des carrosses coupez, qu'on y porte de France. Il n'y a que ceux du Roi & des Ambassadeurs qui puissent être atelez avec six chevaux ou six Mules. Les autres personnes, de quelque nation ou distinction qu'elles soient, n'en ont que quatre dans la Ville, mais ils en peuvent

Tome III. G

mettre cent lorsqu'ils sont hors de l'enceinte. Il n'y a que les jeunes gens qui aillent ordinairement en carrosse, car les Dames & les Vieillards se servent de litières. Ces deux Voitures ne sont permises qu'aux Nobles, aux envoiez, aux Résidens, aux Consuls, & aux Ecclesiastiques. Ce qui fait que les plus riches Bourgeois & Marchands se contentent d'une espece de calèche à deux rouës, tirée par un Cheval qu'ils conduisent eux-mêmes. Les Mulets, qui portent les litieres, sont plus grands, plus fins, & moins chargés d'encoleure que ceux d'*Auvergne*. Le couple vaut ordinairement huit cens écus; & même il y en a qui se vendent jusqu'à douze cens; sur tout ceux qu'on choisit dans la Province du fameux *Don Guichot*, qui paroît assez éloignée de *Lisbonne*. Les Mules qui tirent le carrosse viennent de *l'Estramadure*, & le couple vaut cent pistoles, ou environ. Celles dont on se sert pour la selle, ainsi que les Mulets de charge, & les Chevaux d'Espagne, sont de cent pour cent plus chers qu'en Castille. Les jeunes Cavaliers se promènent à cheval dans la Ville, quand il fait beau tems, exprès pour se faire admirer des Dames, qui, comme les Oiseaux de cage n'ont que la seule liberté de regarder par les trous des * *Jalousies*, les gens qu'elles souhaiteroient attirer dans leur prison. Les Moines rantez ne font presque point de

* *Fenestres* à treillis, de l'ouverture du petit doigt.

visite à pied, car leur Couvent entretient une certaine quantité de Mulets de selle, dont ils se servent alternativement. Il n'est rien de si plaisant que de voir caracoler ces bons Peres dans les ruës avec de grands chapeaux en pain de sucre, & des lunetes qui leur couvrent les trois quarts du visage. Quoique cette Ville soit très-grande, & très-marchande, il n'y a cependant que deux bonnes Auberges Françoises où l'on mange assez proprement, à trente & cinq sols par repas. Je ne doute pas que le nombre n'augmentât si les Portugais vouloient donner dans le plaisir de la bonne chere, alors ils ne mépriseroient pas, comme ils font, ceux qui la recherchent avec empressement. Ils ne se contentent pas d'avoir en horreur les mets d'un Traiteur, le nom de cabaret leur est encore si odieux, qu'ils ne rendent jamais de visite aux gens qui campent dans cette habitation charmante; sur ce pied-là, Monsieur, vous pouvez conseiller à vos amis qui seront curieux de voiager en Portugal, & qui voudront faire quelque séjour dans cette Ville, de se mettre en pension chez quelque Marchand François. On peut faire ici très-bonne chere un peu cherement. La volaille *Dalemtejo*, les liévres, les perdrix de *S. Ubal*, & la viande de boucherie des *Algarves*, sont d'un goût merveilleux. Les jambons de *Lamego* sont plus exquis que ceux de *Maience* & de *Baione* ; cependant cette viande est tellement indigeste pour l'estomac des Portugais, que sans la consomption qui s'en fait chez les Moines, & chez quelques Inquisiteurs, on ne verroit guére de cochons en Portugal. Les vins ont du corps & de la force, sur tout les rouges, dont la couleur va jusqu'au noir. Ceux d'*Algréte* & de *Barra* à *Barra*, sont les plus délicats & les moins couverts. Le Roi n'en boit jamais ; les gens de qualité n'en boivent presque point, non plus que les Femmes. La raison de ceci est que *Venus* a tant de pouvoir en Portugal, qu'elle a toûjours empêché, par la force de ses charmes, que *Bacchus* prît terre en ce païs-là. Cette Déesse y cause tant d'idolâtrie, qu'elle semble disputer au vrai Dieu le culte & l'adoration des Portugais, jusques dans les lieux les plus sacrez. Car c'est ordinairement aux Temples & aux processions que les engagemens se font, & que les rendez-vous se donnent. Ce sont les postes * des *Bendarros*, des courtisanes & d'autres Femmes d'intrigue secrete, qui ne manquent jamais de courir aux Fêtes qu'on célèbre, au moins trois ou quatre fois la semaine, tantôt dans un Eglise & tantôt dans l'autre. Ces Avanturiers ont un talent merveilleux pour faire d'un clin d'œil des déclarations d'amour à ces Donzelles, dont ils re-

* Ce sont des fanfarons du génie de Don Guichot, qui ne font autre métier que de chercher des avantures.

çoivent la réponse par le même signal ; ce qui s'apelle *Corresponder*. Il ne s'agit ensuite que de découvrir leur maison en les suivant pas à pas, jusques chez elles, au sortir de l'Eglise ; le fin du tour consiste à pousser jusqu'au coin de la ruë sans s'arrêter ni sans tourner la tête ; dês-que les bonnes Dames sont entrées chez elles, de peur que les maris ou les Rivaux n'aient le contrechifre de l'intrigue. C'est au bout de cette ruë que la vertu de patience est tellement nécessaire aux avanturiers, qu'ils sont obligez d'attendre deux ou trois heures une servante, qu'il faut suivre jusqu'à ce qu'elle trouve l'ocasion de faire son * *Recado* en toute sûreté. Il faut se fier à ces bonnes confidentes, & même risquer sa vie sur leurs paroles & sur leur adresse, car elles sont aussi rusées que fidéles à leurs Maîtresses, dont elles reçoivent des presens, aussi-bien que des Amans, & quelquefois des maris. Les Portugaises cachoient autrefois leurs visages avec le † *Manto* & ne montroient qu'un œil, comme les Espagnoles font aujourd'hui : mais depuis qu'on s'est aperçu que les Villes maritimes étoient remplies d'enfans aussi blonds qu'en France, & qu'en Angleterre, on a comdamné ces

---

* Le message, ou le mot du guet pour le rendez-vous.
† *Manto*, voile de tafetas noir qui cachant absolument la taille & le visage, cachoit en même tems bien des intrigues.

pauvres *Mantos* à ne plus s'aprocher du visage des Dames. Les Portugais ont une si grande horreur pour les armes d'*Actéon*, qu'ils aimeroient mieux se couper les doigts que de prendre du tabac dans une tabatiere de corne. Cependant cette marchandise s'introduit ici comme ailleurs, malgré le fer & le poison, qu'on brave incessamment. Il ne se passe guére de mois qu'on n'entende parler de quelque avanture tragique, sur tout à l'arrivée des Flottes d'*Angola* & du *Brezil*. Le sort de la plûpart des gens de Mer qui font ces voiages est si fatal, qu'ils trouvent leurs épouses dans des Monasteres, au lieu de les trouver dans leur maison. La raison de ceci est, qu'elles aiment beaucoup mieux expier dans ces Prisons, les péchez qu'elles ont commis dans l'absence de leurs maris, que d'être poignardées à leur retour. Après cela, Monsieur, l'on n'a pas eû grand tort de representer *l'Ocean* avec des cornes de Taureau. Car, ma foi, presque tous les gens qui s'exposent au risque de ses caprices ont à peu près la même figure. La galanterie est donc ici trop scabreuse pour s'y attacher, puisqu'il y va de la vie. On y trouve des Courtisanes dont il faut tâcher d'éviter le Commerce. Car outre le danger de ruïner sa Bourse & sa santé, on court celui de se faire assommer. Les plus belles sont ordinairement * *Amezadas* par des gens qui les

_____
* *Amezadas*, louées par mois.

font garder à vûë; cependant, malgré cette précaution, elles se divertissent avec des gens sages aux dépens de ces foux. Ceux-ci sont indispensablement obligez d'entretenir à force de presens l'amour & la fidélité prétenduës de ces *Lais*; dont la possession est d'une cherté inconcevable. Les Religieuses reçoivent des visites assez fréquentes de leurs *Devotos*, qui ont plus de passion pour elles que pour les femmes du monde; comme il paroît par les jalousies, les quérelles, & mille autres désordres que l'amour peut causer entre des rivaux. Les Parloirs n'avoient autrefois qu'une grille simple, mais depuis que Milord *Grafton* suivi de quelques Capitaines de sa flotte, eut la curiosité de toucher les mains, &c. des Religieuses d'*Odivelas*, le Roi ordonna qu'on mît une double grille aux Parloirs de tous les Convens du Roiaume. Il suprima presque aussi tôt le droit des *Devotos* par la défense qu'il fit d'aprocher des Monastéres, sans cause légitime, qu'il est facile de suposer, lorsqu'on est assez fou de soûpirer pour ces pauvres filles. Les Portugais ont l'esprit vif, ils pensent hardiment, & leurs expressions égalent assez bien la justesse de leurs idées. Il se trouve chez eux de bons Phisiciens & bons Casuistes. Le célébre *Camoens* étoit, sans contredit, un des plus illustres Citoyens du Parnasse. La fécondité de ses belles pentées, le choix de ses paroles, & l'air poli & dégagé avec lequel il a parlé, ont charmé tous ceux à qui la langue Portugaise est assez familiere. Il est vrai qu'il a eû le malheur d'avoir été brocardé par *Moreri* & par quelques auteurs Espagnols, lesquels n'aiant pû s'empêcher d'avouër qu'il n'est pas permis d'avoir plus d'esprit que ce Poëte infortuné, l'ont traité d'incrédule & de profane. Un Moine Catalan se récrie sur cent endroits de ses *Luziadas Endechas Estrivillas*, &c. en le traitant d'impie & d'évaporé. J'en citerai deux ici. Le premier est la chûte d'un sonnet intitulé *soneto Nao impresso*, où il dit, après quelques réfléxions : *Mais o melhor de tudo e crer in Christo*. C'est-à-dire, *après tout le plus sûr est de croire en Christ.* Le second est aussi la fin d'une *Gloza* ; le voici. *Si Deus se Busca no mundo nesses olhos se achara.* Cela veut dire, parlant à une Dame, *si l'on cherche Dieu dans le monde, on le trouvera dans vos yeux.* Les Prédicateurs Portugais élevent leurs Saints presque au-dessus de Dieu, & pour leur faire valoir leurs soufrances, ils les logent plûtôt aux écuries qu'en Paradis. Ils finissent leurs sermons par des exclamations & des cris si touchans, que les femmes pleurent & soûpirent comme de pauvres desespérées. On tient ici le mot d'Hérétique pour un titre fort infâmant ; la signification en est même trèsodieuſe. Les Prêtres & les Moines ont autant d'horreur pour *Calvin*, à cauſe de la confeſſion retranchée, que les Rèligieuſes ont d'eſtime pour *Luther*, à cauſe de ſon mariage monaſtériſé; on a fait ici des proceſſions tous les Vendredis du Carême d'un bout de la Ville à l'autre. J'ai vû plus de cent diſciplinans vétus de blanc, leſquels aiant le viſage couvert & le dos nud, ſe foüétoient de ſi bonne grace que le ſang rejailliſſoit ſur le viſage des femmes, qui étoient aſſiſes le long des ruës, exprès pour chanter poüille aux moins enſanglantés. Ils étoient ſuivis d'autres maſques portant des croix, des chaînes, & des faiſſeaux d'épées d'une peſanteur incroiable. Les Etrangers ſont preſque auſſi jaloux que les Portugais, ce qui fait que leurs femmes craignent de ſe montrer aux meilleurs amis de leurs époux. Ils affectent de ſuivre la ſévérité Portugaiſe avec tant d'exactitude, que ces captives n'oſeroient lever les yeux. Cela n'empêche pas que le malheur, dont ils tâchent de ſe preſerver, ne leur arrive ſouvent, malgré leurs précautions. On voit ici des gens de toutes ſortes de couleurs, des noirs, des mulâtres, des baſanez, des olivâtres. Mais la plûpart ſont *Trinquenhos*, c'eſt-à-dire, de la couleur de bled. Ce mélange de teints diférens fait voir que le ſang eſt ſi mêlé dans ce Roiaume, que les véritables blancs y ſont en très-petit nombre. Ce qui fait qu'on ne

G 5

sçauroit plus noblement exprimer, *Je suis homme ou femme d'honneur*, qu'en ces termes, ou *son Branco* ou *Branca*, qui signifie, *je suis blanc* ou *blanche*. On peut marcher dans la Ville nuit & jour, sans craindre les filoux. On trouve jusqu'à trois ou quatre heures après minuit, des joüeurs de Guitarre, qui joignent à la douceur de cet instrument des airs aussi lugubres que le *de Profundis*; les danses du menu peuple sont indécentes par les gestes impertinens de la tête & du ventre. La musique instrumentale des Portugais choque d'abord l'oreille des Etrangers, mais au fond elle a quelque chose d'agréable, qui plaît lorsqu'on y est un peu accoûtumé. Il n'en est pas de même de leur musique vocale, car elle est si rude, & ses dissonances sont si mal suivies, que le chant des Corneilles est plus mélodieux. Tous les motets qu'ils chantent dans les Eglises, sont en langue Castillane, aussi-bien que leurs Pastorales, & la plûpart de leurs Chansons. Ils tâchent d'imiter les manieres des Espagnols, autant qu'il leur est possible; même jusqu'au cérémoniel de leur Cour, auquel on se conforme si ponctuellement, que les Ministres seroient au desespoir d'en retrancher les moindres formalitez. L'habit de cérémonie du Roi & des Seigneurs est semblable à celui de nos Financiers, étant composé d'un juste-au-corps noir, accompagné d'un manteau de même couleur, d'un grand colet ou rabat de point de Venise, d'une perruque longue avec l'épée & la dague. On donne aux Ambassadeurs le titre d'*Excellentia*, & aux Envoiez & Résidens celui de *Senhoria*. Le Port de Lisbonne est grand, sûr & commode, quoique l'entrée en soit extrémement difficile ; les Vaisseaux moüillent dans le Tage entre la Ville & le Château d'*Almada* à 18. basses d'eau sur un fond de bonne tenuë Cette Riviere que les Portugais apellent, *O Rey dos riôs*, c'est-à-dire le Roi des Rivieres, a près d'une lieuë de largeur dans cet endroit-là ; où la marée monte ordinairement deux pieds à pic, & plus de dix lieuës en avant vers sa source. Il est expressement défendu à tous Capitaines de Vaisseaux de guerre & marchands, étrangers ou de la nation, de saluër la Ville au bruit du canon, ni même d'en tirer un seul coup sous quelque prétexte que ce puisse être. Les Consulats de France, d'Angleterre & de Hollande rendent cinq ou six mille livres de rente aux Consuls de ces trois Nations, qui trouvent outre cela le moien d'en gagner autant par le commerce qu'ils font. Voilà, Monsieur, tout ce que je puis vous aprendre aujourd'hui de ce beau païs qui seroit, à mon avis, un Paradis terrestre, s'il étoit habité par des Païsans moins Gentilshommes que ceux-ci. Le climat est charmant & merveilleux, le ciel clair & serain, les eaux merveilleuses, & l'hiver si doux, que je ne me suis pas encore aperçû du froid. Les gens y vivent des siécles entiers sans que le faix des années les incommode. Les Vieillards n'y sont point acablez d'infirmitez, comme ailleurs, l'appetit ne leur manque point, & leur sang n'est pas si destitué d'esprits, qu'ils ne puissent donner quelquefois à leurs Epouses des marques d'une santé parfaite. Les fiévres chaudes font du ravage en Portugal, & les maux vénériens y regnent avec tant d'humanité que personne ne cherche à s'en défaire. Le mal de * *Naples*, qu'on dit être le plus en vogue, tourmente si peu les gens qui le conservent, que les Médecins mêmes qui l'ont se font scrupule de le chasser, parce qu'il s'obstine à revenir toûjours à la charge. Les Officiers de justice ont un air de fierté & d'arrogance insuportables, se voyant authorisez d'un Roi très-sévére Observateur des Loix. C'est ce qui les encourage à chercher noise au peuple, dont ils reçoivent assez souvent de cruelles aubades. Il y a quelque temps que le Comte De *Prado*, gendre de Mr. le Maréchal de Villeroi, prit la peine d'envoier à l'autre monde un insolent † *Corrigidor*, qui se seroit bien passé de faire ce voyage. Ce Gentilhomme, qui étoit en carosse avec son Cousin, rencontra prés d'un coin de ruë cet Officier de Justice monté comme un St. George, & par malheur

* C'est à dire le gros mal ou bien *le mal de qui l'a*.
† C'est à dire, Intendant ou Juge de Police.

si fier de son Emploi qu'il ne daigna pas rendre le salut à ces deux Cavaliers. Je vous ai déja dit que les Seigneurs Portugais sont les gens du monde les plus vains; sur ce pied vous ne serez pas surpris que ceux-ci soient décendus de Carosse & qu'ensuite le Comte *De Prado* ait fait faire au *Corrigidor* le sault de la vie à la mort, dés qu'il eût sauté de son cheval à terre. Un François diroit que le mépris ou l'inadvertance de cet Intendant ne méritoit pas un traitement si rude : mais les Titulaires Portugais, lesquels se couvrent devant le Roi, n'en conviendront pas; quoiqu'il en soit, ils se sauvérent chez Mr. Sablée *d'Estrées*, qui les fit passer en France dans une Frégate de *Brest*. Au reste, voici l'état des forces du Roi de Portugal; 18. mille hommes d'Infanterie, 8. mille de Cavalerie, & 22. Vaisseaux de guerre, sçavoir,

4. Vaisseaux depuis 60. Canons jusqu'à 70.
6. Vaisseaux depuis 50. Canons jusqu'à 60.
6. Vaisseaux depuis 40. Canons jusqu'à 50.
6. Fregates depuis 30. Canons jusqu'à 40.

Vous remarquerez que ces Bâtimens sont un peu legers de bois, d'une bonne construction, & d'un beau gabarit, étant raz pinces & de façons bien évidées. Les Arsenaux de Marine sont en mauvais ordre, & les bons

Matelots sont aussi rares en Portugal, que les bons Officiers de Mer, parce qu'on n'a pas eû le soin de former des Classes de Mariniers, d'établir des Ecoles d'hidrographie, & de pourvoir à mille autres choses nécessaires, qui seroient de trop longue discussion. On accuse les Portugais d'être un peu lents à manœuvrer, & d'être moins braves par mer que par terre.

 Les Capitaines de Vaisseaux ont en général 22. *patacas* par mois, & leur table païée lors qu'ils sont en mer, avec quelques profits.
Les Lieutenans ont 16. *Patacas* par mois.
Les Enseignes ont 10. *Patacas* par mois.
Les bons Matelots ont 4. *Patacas* par mois.

Les Capitaines d'Infanterie ont de solde & de revenant bon en paix comme en guerre, environ 25. *Patacas* par mois.
Les Alufiers, qui sont des espéces de Lieutenans, 8. *Patacas*.
Les Soldats environ 3. Sous de nôtre monnoie par jour.

Les Capitaines de Cavalerie ont de solde & de revenant bon en temps de Paix environ 100. *Patacas* par mois.
Les Lieutenans ont à peu près 30. *Patacas* par mois.
Les Maréchaux de Logis près de 15. *Patacas* par mois.

Les Cavaliers ont le fourrage & 4. Sous par jour.

A l'égard des Officiers Généraux de Terre & de Mer, on auroit de la peine à sçavoir au juste à combien leurs apointemens ont acoutumé de monter; car le Roi donne des pensions aux uns, & des Commanderies aux autres, ainsi qu'il le juge à propos Les Colonels, les Lieutenants Colonels, & les Majors d'Infanterie, les Mestres de Camp de Cavalerie, & les Commissaires, n'ont point aussi de paie fixe. Les uns ont plus, les autres moins: cela dépend des quartiers où sont leurs Troupes, & de la quantité de leurs Soldats ou Cavaliers. Ces troupes sont mal disciplinées les Habits des Cavaliers & des Fantassins ne sont point uniformes; les uns sont vêtus de gris, de rouge, de noir; les autres de bleu, de vert, &c. leurs armes sont bonnes, & les Officiers ne se soucient guére qu'elles soient luisantes, pourvû qu'elles soient en bon état; quoiqu'il en soit, on auroit de la peine à croire que ces Troupes firent des merveilles contre les Espagnols pendant les derniéres guerres: il falloit apparemment qu'elles fussent mieux réglées en ce temps-là qu'elles ne sont aujourd'hui, & que l'usage des guitarres les occupât moins qu'il ne fait à present. Voici en quoi consistent des Monoies du Païs.

La Piastre d'Espagne ou Piéce de huit, que

les Portugais appellent *Pataca*, vaut comme l'écu de France.   750. Reis.
Les demi & les quarts valent à proportion.
Un Reis est un denier, comme je l'ai déja dit.
Un Vingtain qui est la plus petite monnoie d'argent vaut   20. Reis.
Un Teston vaut   5. Vingtains.
Le demi Teston à proportion.
Une Cruzada vieille vaut   4. Testons & 4. Vingtains.
Une Cruzada nouvelle vaut   4. Testons.
La Mœda d'Ouro, qui est une Piéce d'or vaut.   6. Patacas, & 3. Testons.
Les demi-Mœdas & les quarts valent à proportion.
Les Loüis d'or vieux ou neufs valent également 4. Piastres, moins 2. Testons.
Les demi & les quarts à proportion.
Les Pistoles d'Espagne de poids valent aussi 4. Piastres, moins 2. Testons.
Surquoi il y a du profit à tirer en les envoiant en Espagne, où elles valent justement quatre Piastres.
L'Efigie du Roi de Portugal ne paroît sur aucuns de ces Monnoies, & l'on ne fait point ici de différence entre les Piastres de *Feüille*, du *Mexique* & du *Perou*, comme on fait ailleurs.

Au reste, vous remarquerez qu'aucune Monnoie de France n'a cours ici, si ce n'est les Ecus, les demi, & les quarts.

Les 128 ℔ de Portugal, péfent un quintal de Paris, compofé de 100. ℔ .... Le *Cabido* est une mesure qui excedant la demi aulne de *Paris* de 3. pouces & 1. ligne a justement 2. pieds de France 1. pouce & 1. Ligne. La *Bara* est une autre mesure; il en faut six pour faire dix *Cabidos*. La lieuë de Portugal est composée de 4200. pas géometriques de cinq pieds chacun. Je ne vous parlerai point des intérêts du Roi de Portugal, puisque je ne veux point entrer dans les affaires de la politique. D'ailleurs, je vous ai dit que je ne prétendois vous écrire autre chose si ce n'est des bagatelles qu'on ne s'est jamais avisé de faire imprimer, sans cela je vous enverrois un détail des differens Tribunaux ou Siéges de Justice, & quelques échantillons des Loix de ce Roiaume. Je vous aprendrois que ce Parlement & cet Archevêché font un des plus beaux ornemens de cette Capitale; que les Bénéfices Eclésiastiques sont d'un grand revenu; qu'il n'y a point d'Abaies Commendataires; que les Réligieux ne sont pas si bien rantez qu'on s'imagine, & qu'ils ne font pas trop bonne chere. Je vous dirois encore que l'Ordre du Roi s'appelle *l'Habito de Christo*, si Madame *de Launoi* ne vous l'avoit apris en racontant son admirable institution. Je me contenterai d'ajoûter seulement que le nombre des Chevaliers de cet Ordre surpasse extrémement celui de ses Commanderies, lesquelles sont de très-peu d'importance. Je me borne à présent aux faits que cette Lettre contient. Peut-être pourrai-je revenir encore une fois dans cette Ville Roiale, d'où je compte de partir incessamment, pour aller vers les Roiaumes du Nord, en attendant qu'il plaise à Monsieur de *** d'aller en Paradis, ou de rendre justice à celui qui vous sera toûjours plus qu'à lui, très-humble, &c.

A Lisbonne ce 10. Avril 1694.

MONSIEUR,

JE partis de Lisbonne le 14. d'Avril, après avoir fait marché avec un Capitaine de Vaisseau Portugais, qui s'engagea de me porter à Amsterdam, pour trente Piastres. J'eus en même tems la précaution de me pourvoir d'un Passeport du Résident de Hollande, afin qu'on ne m'arrêtât pas en passant dans ce païs-là. Je décendis ensuite en bâteau jusqu'au lieu nommé *Belin*, qui n'est éloigné de Lisbonne que de deux lieuës seulement. C'est dans ce petit Bourg que tous les Vaisseaux Marchands qui vont & qui viennent, sont obligez de * raisonner au grand Bureau, d'y porter leurs factures, & leurs Connoissemens, afin de paier les droits de leurs Cargaisons. Le 16. nous sortîmes de la Riviere du Tage, en suivant le

* C'est-à-dire, de montrer leurs Passeports, & leurs Connoissemens.

seillage d'une Flotte de la Mer Baltique escortée par un *Lubekois* nommé *Creuger* anobli par le Roi de Suéde, quoique matelot d'origine, & qui montoit alors un vaisseau de guerre Suédois de 60. canons. Nous passâmes la barre par le grand *Chenail*, apellée la grande * *Passe*, située entre le fort de *Bougio* & les *Cachopas* qui est un grand Banc de sable & de roches de trois quarts de lieuës de longueur, & d'une demie de largeur; sur lequel il est dangereux d'être porté par les marées, lorsqu'il fait calme. Vous remarquerez que nous aurions pû passer entre ce même Banc & le Fort Saint Julien, situé du côté du Nord ou de Lisbonne, vis à-vis de celui de *Bougio*, si nous eussions eû des Pilotes du lieu; mais comme nôtre Capitaine Portugais suivoit la Flotte dont je vous parle, il étoit inutile de chercher cette derniere route. Nous ne fûmes pas plûtôt au large en pleine mer, au milieu de cette Flotte du Nord, que le brutal Commandant qui la convoioit, arrivant sur nous à pleines voiles envoia un coup de canon à boulet à l'avant de nôtre Vaisseau, & qu'il détacha son Lieutenant pour signifier à nôtre pauvre Patron qu'il eût à paier sans cesse deux Pistoles pour la canonade, & à s'éloigner aussi-tôt de sa Flotte, à moins qu'il ne voulût paier cent Piastres pour le droit

* *Passe*, c'est un Chenail ou passage entre deux Bancs ou deux Isles, &c.

d'escorte ; ce qu'il refusa de très-bonne grace. Laissons cette affaire à part, afin de vous dire que la barre de Lisbonne est inaccessible pendant que les gros coups de vent d'Oüest & de Sud-Oüest soufient avec impétuosité : ce qui n'arrive ordinairement qu'en hiver. Ajoûtons à cela que les vents de *Nord* & de *Nord-Est* y regnent huit mois de l'année, avec assez de modération. Ce qui fut cause que nôtre navigation, depuis l'embouchûre du *Tage*, jusqu'au Cap de Finisterre, fut plus longue que celle qu'on fait le plus souvent de l'Isle de Terre-Neuve en France. Je n'ai jamais vû de vents plus obstinez que ceux-là. Cependant nous en fûmes quittes pour louvoier le long des Côtes, dont nos Portugais n'osérent s'éloigner à cause des *Salteins* qu'ils craignent plus que l'enfer. Enfin, nous gagnâmes le Cap de Finisterre après 18. ou 20. jours de navigation. Ensuite, les vents s'étant rangez au Sud Oüest, nous en profitâmes si bien qu'au bout de dix ou douze jours nous reconnûmes l'Isle de *Garnezei*. Il est vrai que sans le Pilote François qui conduisoit le Navire, nous eussions donné plusieurs fois aux Côtes de la * *Manche*, car il faut que vous sçachiez que les Portugais ne connoissent point ces Terres, par le peu d'habitude qu'ils ont dans les Mers du Nord. Ce qui fait qu'ils

* Ou Canal Britannique.

font obligez de se munir en Portugal de Pilotes étrangers, lorsqu'il s'agit d'aller en Angleterre ou en Hollande. Le jour que nous découvrîmes cette Isle, deux gros Vaisseaux Anglois chassant sur nous à pleines voiles, gagnérent nôtre bord en trois ou quatre heures. L'un étoit de guerre du port de 60. canons, & l'autre un Capre de 40. piéces, dont le Capitaine nommé *Couper*, avoit aussi les inclinations naturelles de couper les bourses, comme vous verrez. Ils ne fûrent pas plûtôt à bord de nôtre Vaisseau, qu'il fallut amener & mettre la Chaloupe à l'eau ; ce qui fit que je m'embarquai pour porter au Commandant, apellé Monsieur *Tonzein*, le passeport du Résident de Hollande, que je pris à Lisbonne. Celui-ci me fit toutes les honnêtetez possibles, jusques-là qu'il me jura que toutes mes hardes seroient à l'abri de la rapine dudit Couper, qui, selon les principes des gens de son métier, prétendoit me piller, avec aussi peu de scrupule que de miséricorde. Cependant, la visite de nôtre Vaisseau ne pouvant se faire qu'à la rade de *Garnezei*, on l'y conduisit le même jour ; & dès que nous eûmes tous moüillé l'ancre, les deux Capitaines Anglois descendant à terre envoiérent des visiteurs à nôtre bord, pour tâcher d'avérer si les vins & les eaux de vie de nôtre cargaison étoient du cru de France, ou pour le compte des François ; ce qu'il fut impossible de prouver après quinze jours de recherche & de perquisitions, comme je l'apris hier à Lubec. Il est question de vous dire que ce fâcheux contretems me fit résoudre à m'embarquer cinq ou six jours après dans une Frégate Zélandoise, de * Zériczée, après avoir fait présent au Capitaine *Tenzein* de quelques Barils de vin *d'Allegrète*, d'une Caisse d'oranges, & de quelque vaisselle cizelée † *d'Estremos*, en reconnoissance de sa bonne chere & du bon traitement qu'il daigna me faire à son Bord, comme à terre. Ce second embarquement me fut plus favorable que le premier ; car j'arrivai le 3. jour de navigation à Zériczée, d'où je m'embarquai dans une *Semaque* de passage qui me porta jusqu'à *Roterdam* entre les Isles, à la faveur du vent & des marées. Cette derniere Ville est grande, belle, & très-marchande ; j'eus le plaisir de voir en deux jours le College de la *Meuse*, les Arsenaux de Marine, & la grande Tour que l'industrie d'un Charpentier sçut remettre dans son assiette perpendiculaire, dans le tems que la pente de cet Edifice monstrueux faisoit craindre qu'il ne tombât sur la Ville.

* Ville des Zélandois.
† Ville presque frontiere de Portugal à l'Estramadure.

Je vis aussi la Maison du fameux *Erasme*. Après avoir considéré la beauté du Port, ou de la *Meuse*, dont l'entrée est tout-à-fait dangereuse, à cause de quelques bancs de sables qui s'étendent assez loin dans la pleine mer. Au reste, le Commerce de *Roterdam* est très-considérable, & les Marchands ont la facilité de faire venir leurs Vaisseaux aux portes de leurs Magasins par la commodité des Canaux, dont cette grande Ville est entrecoupée. Deux jours après à cinq heures du matin, je me servis d'une espece de Coche d'eau pour aller à *Amsterdam*. C'est un Bâteau couvert à varangue platte, long & large, dans lequel il régne un banc de chaque côté de prouë à pouë; un cheval est suffisant pour tirer cette Voiture, avec laquelle on fait une lieuë par heure, moiennant 3. sols & demi de nôtre monnoie par lieuë. Ils partent à toute heure pleins ou vuides, pour toutes les principales Villes de Hollande; mais il faut souvent traverser des Villes pour changer de voiture. Je traversai celles de *Delft*, de *Leide*, & de *Harlem* qui me parurent grandes, belles & propres, ensuite j'arrivai à *Amsterdam* sur le soir, aprés avoir navigué douze lieuës sur des Canaux bordez de bois, de prairies, de jardins, & de maisons d'une beauté singuliere. Dès que je fûs à l'Auberge, mon Hôte me donna un Conducteur, qui me fit voir en sept ou huit jours tout ce qu'il y a de plus curieux dans cette florissante Ville ; quoique je l'eusse pû faire en trois ou quatre jours, s'il eût été possible de trouver des Carosses de loüage, comme à Paris, ou ailleurs. Elle est belle, grande, & nette. La plûpart des Canaux sont bordez de très-jolies Maisons, il est vrai que l'eau croupissant dans ces grands Réservoirs, sent mauvais au tems des grandes chaleurs. Les Maisons sont presque uniformes, & les ruës tirées au cordeau. L'*Hôtel de Ville* est bâti sur des Pilotis, quoique cette masse de pierre soit extrêmement pesante. Elle est enrichie de plusieurs belles piéces de Sculpture & de Peinture, & même ornée de quelques Tapisseries de haut prix. On y voit des pierres de marbre, de jaspe, & de porphire d'une beauté achevée, mais ce n'est rien en comparaison des écus qui moisissent sous les voûtes de ce monstrueux édifice. La *Maison de l'Amirauté* est encore une bonne piéce, aussi-bien que son Arsenal. Le *Port*, qui n'a guére moins d'un grand quart de lieuë de front, étoit si couvert de navires, qu'on eût pû sauter des uns aux autres assez facilement. Je vis quelques Temples assez curieux, sans compter la *Synagogue* des véritables Juifs, qui y ont l'exercice public de leur vénérable Secte, en considération de son ancienneté. Les Eglises Catholiques,

Luthé-

Luthérienes, &c. y sont tacitement tolérées & l'on y prie Dieu à portes fermées, sans cloches ni carrillons. J'eus le plaisir de voir aussi les maisons des Veuves & des Orphelins, & même celles des Scelerats & des pécheresses qui travaillent sans cesse, pour l'expiation de leurs pécadilles. La *bourse* est une piece d'Architecture assez grande pour contenir 8000 hommes. Mais, ce que j'ai vû de plus superbe, ce sont dix ou douze maisons de *musicos*, ainsi nommées à cause de certains instrumens de musique pitoiablement animez, au son desquels un tas de coureuses font donner dans le piége, les gens qui ont le courage de les regarder sans leur cracher au visage. Elles s'attroupent dans ces Serrails, dès-qu'il est nuit. Dans les uns on jouë des Orgues, & dans les autres du Clavessin, ou de quelques autres instrumens estropiez. On voit dans une grande Chambre de plein pié, ces hideuses Vestales habillées de toutes pieces, & de toutes couleurs, par le secours des Juifs, qui leur loüent des coëfures & des habits, qu'ils ont conservé pour cet usage de pere en fils, depuis la destruction de *Jerusalem*. Tout le monde y est fort bien reçû, moiennant dix ou douze sous qu'il faut paier, en entrant, pour un verre de vin, capable d'empoisonner un Elephant. On voit entrer un gros Matelot sa pipe à la bouche, ses cheveux gluans de sueur, & sa culote de gouldron colée sur le

Tome III. H

cuisses; faisant des S jusqu'à ce qu'il tombe aux pieds de sa Maîtresse. Ensuite il entre un Laquais demi saoul, qui vient chanter, danser & boire de l'eau de vie pour se desennivrer. Celui-ci est suivi d'un soldat qui tempête & fulmine à faire trembler ce Palais, ou d'une troupe d'avanturiers, qui portent le manteau sur le nez, pour faire le Diable à quatre, & se faire assommer de cinquante coquins plus brutaux que des Anes. Enfin, Monsieur, c'est un amas de toutes sortes de Vauriens, qui, malgré l'odeur insuportable du tabac & du pied de messager, demeurent dans ce Cloaque jusqu'à deux heures après minuit, sans rendre tripes & boiaux. C'est tout ce que j'en sçai pour le present. Je vis quelques Marchands François Catholiques en passant par cette fameuse Ville, dont les principaux sont les sieurs de *Morravin* & *Darreche* Baionois, & gens de mérite & de probité, qui ont acquis déja beaucoup de bien & de réputation. On m'a dit qu'il y avoit aussi un très-grand nombre de réfugiez, entre lesquels il s'en trouvoit qui ont établi des manufactures, où les uns se sont enrichis, & les autres entierement ruïnez. Ceci prouve que le refuge a été favorable aux uns, & fatal aux autres. En effet, il est constant que tel a porté de l'argent en Hollande, s'y voit misérable aujourd'hui, & tel autre qui n'avoit pas une obole en France, s'est fait Crésus dans

cette République. Il me reste à vous dire, qu'il n'est point de Païs au monde, où les bonnes Auberges soient plus cheres qu'en celui-là. On y fait paier le lit & le feu à proportion des repas, dont on paie un demi *Ducaton* qui vaut 41. sols de France, sur le pied du change present. De sorte que pour le souper, le dîner, le lit, & le feu du Maître & du Valet, il en coûte au moins 8. florins de nôtre Monnoie. Voici en quoi consistent celles de Hollande.

Un *Ducaton* vaut 3. Florins 3. sous. Un écu blanc 50. Sous, une Livre 20. Sols. Un Scalin. 6 Sols. 1 Sol 16. Deniers.

Voici quelques mesures de Hollande.
La lieuë a près de 3800. pas Géometriques.
L'aune est d'un pied 10. pouces, & 2. lies de France.
La ⹁ est égale à celle de Paris.
La pinte est égale à la Chopine de Paris.
C'est tout ce que je puis vous dire de ce Païs-là.

Quand je partis d'*Amsterdam* pour aller à *Hambourg*, je pris la voie la plus douce, & la moins chere, qui est celle de l'eau. J'avois résolu d'arrêter une place dans le chariot de Poste; mais on m'en détourna d'abord, à cause des risques que j'aurois couru d'être arrêté sur les terres de quelques Princes d'Allemagne, où l'on est obligé de montrer ses

Passeports : ce conseil épargna ma bourse, & ma personne, car il m'en eût coûté quarante écus par cette voiture, pour maître & valet ; au lieu que j'en fus quitte pour 5. dans le *Boier* où je m'embarquai : Il en part deux toutes les semaines pour Hambourg expressément, pour y porter des Passagers, qui peuvent loüer de petites cahutes ménagées dans ce bâtiment, pour la commodité des gens qui veulent être en particulier. Ces *Boiers* seroient tout-à-fait propres à naviguer dans le Fleuve S. *Laurent* par la côte du Sud, depuis son embouchûre jusqu'à *Quebec*, & sur tout de *Quebec* jusqu'à *Monreal*. Ils seroient meilleurs que nos barques pour cette navigation, par cinq ou six raisons, que je vous expliquerai. Premierement, ils callent la moitié moins que nos barques de même port ; ils presentent à 4 quarts de vent ; on les navigue à peu de frais, c'est-à-dire avec moins d'*Agrez* & *Apparaux*, & de matelots que nos barques. Ils peuvent * *Virer le bord* d'un clin d'œil ; au lieu qu'il faut cinq ou six minutes à nos barques pour cette manœuvre. Ce qui fait qu'elles donnent quelquefois à la côte en † refusant

* *Virer le bord*, c'est changer de bord, lorsqu'on louvoie, c'est-à-dire mettre la proüe & les voiles au contraire de ce qu'elles étoient avant que de virer de bord.

† *Refuser* c'est quand un bâtiment ne veut pas tourner au vent, lorsqu'il est question de virer de bord, en presentant la proüe, presque au même endroit où il avoit la poupe.

ils peuvent toucher sur le sable & sur le gravier sans risque, étant construits à Varangue demi plate, pendant que nos barques qui sont pincées & de façons évidées, ne sçauroient échoüer sous voiles sans se briser. Voilà Montes les avantages que ces bâtimens ont sur les nôtres, ainsi vous pouvez hardiment écrire aux marchands de la Rochelle qui font le commerce de Canada, que ces Boiers leur seroient d'une très-grande utilité dans ce Païs-là; & vous les obligerez de leur en donner en même tems les dimensions suivantes, qui sont les principales de celui dans lequel je m'embarquai, & qui est un des plus petits qu'on fasse en Hollande. Il avoit 42. pieds de longueur, depuis l'étrave jusqu'à l'estambord, sur 10. piez de Bau. Le fonds de cale avoit 8. piez de large, & cinq de creux, ou environ. La cabane de proüe avoit six piez de longueur; elle étoit accompagnée d'une petite cheminée dont le tuiau sortoit sur le pont, au pied du virevaut. Celle de poupe étoit de même grandeur, & son tillac étoit élevé de trois piés au-dessus du Pont; la barre de son éfroiable Gouvernail passoit sur la route de cette Cahute. Ce petit bâtiment sans façons, avoit des *Varangues* presque aussi plates que les *Chalands* de la Seine. L'estrave avoit cinq piés d'équestre, & l'estambord environ 10. pouces. Son Vibord étoit à peu près d'un pié & demi d'élevation; son mât avoit plus de 30. piez de haut, sur 10. pouces de Diametre ; sa voile avoit à peu près la figure d'un triangle rectiligne. Il avoit des *semelles*, qui sont des especes d'aîles, dont les charpentiers connoissent fort bien l'utilité. Enfin, pour en être mieux éclairci, vous pouvez écrire en Hollande, d'où l'on pourra vous en envoier un modéle en bois; car, quelque description que je vous en fasse, les charpentiers François n'y connoîtront presque rien. Il en est de ceci comme de certains instrumens de Mathématique, ou d'autres machines, dont les plus habiles gens ne sçauroient s'en faire une idée juste, à moins qu'ils ne les voient.

Cette navigation *d'Amsterdam* à *Hambourg*, se fait par les *Wat*, c'est-à-dire entre la terre ferme & une chaîne d'Isles situées à deux ou trois lieuës au large, autour desquelles la marée monte & décend, comme ailleurs. Vous remarquerez qu'il y a des *Chenaux* entre ces Isles & la terre ferme, qui sont plus profonds que le reste du Terrain, qu'on découvre à droit & à gauche, lequel asséche toutes les marées. Il est aisé de suivre ces Chenaux par le moien de certaines *Balizes* ou *Arbrisseaux*, plantées sur le sable de distance à autre. Dès que la marée est à demi haute, on peut lever l'ancre, en suivant ces chenaux, quoiqu'ils serpentent extrêmement, & même il est facile de louvoier à la faveur du courant, quand le vent est contraire, jusqu'à ce que la mer vienne au point d'être presque basse. Car alors il faut que le bâtiment échoüe sur le sable, & demeure ensuite tout-à-fait à sec. Je vis plus de trois cens *Boiers* plus grands que le nôtre, durant le cours de cette navigation, qui me paroît aussi sûre que celle d'une Riviere, à la réserve d'un trajet de 10. lieuës, qu'on est obligé de faire en pleine mer, depuis la derniere Isle jusqu'à l'embouchûre de *l'Elbe*. Les marées montent 3. brasses à pic, depuis l'entrée de cette riviere jusqu'à *Lauxembourg* situé à dix ou douze lieuës au dessus de *Hambourg*; ce qui fait que les Vaisseaux de guerre peuvent aisément monter jusqu'à cette derniere Ville.

Cette navigation *d'Amsterdam* à *Hambourg*, se fait ordinairement en sept ou huit jours, parceque les vents d'Oüest régnent les trois quarts de l'année dans ces parrages-là. Mais nôtre voiage n'en dura que six, quoique nôtre Patron fût obligé de perdre une marée pour aller * *raisonner* à la ville *d'Estade* située à une lieuë de l'Elbe, où les Bâtimens doivent paier le peage au Roi de *Suede*, à la réserve des *Danois*, qui pourroient avoir autant de droit d'en exiger un semblable,

---

* *Raisonner.* C'est-à-dire produire ses passeports & ses Factures, & paier ensuite les droits.

s'ils vouloient se prévaloir des moiens qu'ils trouveroient de fermer le passage de cette riviere avec les Canons de *Gluc-stat*. *L'Elbe* a une grande lieuë de largeur vers son embouchûre, & sa profondeur est suffisante pour les Vaisseaux de cinquante à soixante pieces dans le *Chenal*, au tems des marées de la pleine & de la nouvelle Lune. J'avouë que l'entrée de cette riviere est très-difficile, & par conséquent dangereuse, à cause d'une infinité de sables mouvans qui la rendent inaccessible de † *non vûë*, aussi-bien que la nuit, malgré la précaution qu'on a eu de construire une tour de bois un peu avant dans la mer, pour y faire des feux qu'on découvre d'assez loin. *Hambourg* est une grande Ville irregulierement fortifiée de gason. Je ne vous parle point du gouvernement Démocratique de cette Ville Anséatique, non plus que de ses dépendances; car il est à croire que vous n'ignorez pas ces sortes de choses, dont les Géographes traitent si amplement. Je me contenterai de vous dire qu'elle est considérable par son commerce, comme il est aisé d'en juger pour peu qu'on considére l'avantage de sa situation. Elle fournit presque toute la haute Allemagne, de toutes sortes de marchandises étrangeres,

† *Non vûë*, tems obscur, couvert de brouillards.

par la commodité de *l'Elbe*, qui porte des bâteaux plats de 200. Tonneaux jusqu'au dessus de *Dresde*, & même on peut dire que cette Ville est d'un grand secours à l'Electeur de *Brandebourg*, puisque ces mêmes bâteaux montent jusques dans *l'Aprée* & dans quelques autres rivieres des Etats de ce Prince. Les Marchands de *Hambourg* trafiquent dans toutes les parties du monde, à la réserve de l'Amérique ; ils envoient peu de Vaisseaux aux Indes Orientales, & dans le fonds de la Méditerranée, mais beaucoup en Afrique, en Moscovie, en Espagne, en France, en Portugal, en Hollande, & en Angleterre, & même ils ont deux Flottes qui font le Commerce *d'Archangel*, où elles se trouvent annuellement à la fin des mois de Juin & de Septembre. Cette petite République entretient quatre Vaisseaux de guerre de cinquante Canons, & quelques Frégates légeres, qui servent à convoier les Vaisseaux destinez pour la Méditerranée, ou pour les côtes de Portugal & d'Espagne, où les Mores ne manqueroient pas de les enlever, s'ils naviguoient dans ces mers-là sans escorte. Cette Ville n'est ni belle ni laide, mais la plûpart des ruës sont si étroites, que les carrosses sont obligez d'arrêter ou de reculer à tout moment. On s'y divertit assez bien. On y trouve ordinairement des Troupes de Comédiens François ou Italiens, &

même un *Opera* Allemand, dont la maison, le théâtre & les décorations ne cedent en rien aux plus beaux de l'Europe. Il est vrai que les habits des Acteurs sont aussi hétéroclites que leurs airs ; mais on peut se dédommager par la simphonie qui paroît assez bonne. Les environs de Hambourg sont tout-à-fait beaux, pendant l'Eté, à cause d'une infinité de Maisons de Campagne qui sont ornées de jardins très-jolis & très-curieux, où les arbres fruitiers qu'on y voit en très-grand nombre, produisent d'assez bons fruits, par le secours de l'Art, au défaut de la Nature. Au reste, je ne puis sortir de ces environs-là, sans vous raconter une chose assez particuliere. Il faut donc vous dire qu'on trouve des Champs de bataille près de Hambourg, sur les territoires de Danemarc & de Lubec, où les quérelles particulieres se terminent à la vûë d'une infinité de spectateurs, qui en sont avertis à son de trompe, quelques jours avant que les Champions entrent en lice. Il y a ceci de remarquable, que les combattans, soit à pied, soit à cheval, implorent la médiation de deux seconds, pour juger seulement des coups & les séparer de part & d'autre, dès qu'il y a quatre goutes de sang répanduës. Ce qui fait que les parties se retirent pour la moindre égratigneure.

Et s'il arrive que l'une des deux tombe

sur le carreau, le vainqueur rentrant sur le territoire de *Hambourg* se retire en triomphe dans cette Ville, au bruit des cris de joie que les spectateurs font retentir dans les airs pour honorer sa victoire. Ces Tragédies sont assez ordinaires dans ce Païs-là. Car comme c'est l'abord d'une infinité d'étrangers, il arrive toûjours quelque désordre, qui se termine de cette maniere. Autrefois les *Danois*, les *Suédois*, & les *Allemands* accouroient en ces lieux-là, quand il s'agissoit de terminer les démêlez qui arrivoient entr'eux dans leur Païs, où les duels sont étroitement défendus. Mais leurs Souverains ont mis ordre à cela, par la déclaration qu'ils ont faite de les punir à leur retour, avec autant de sévérité, que s'ils se fussent battus dans leurs Etats.

Je partis de *Hambourg* après y avoir séjourné cinq ou six jours; & me servant du chariot de poste qui va journellement à *Lubec*, dont chaque place coûte un écu & demi, j'arrivai le même jour dans cette Ville-là. Dès que nous arrivâmes aux portes, on nous demanda qui nous étions. Chacun dénonça franchement son Païs & sa profession; mais la crainte d'être arrêté m'empêcha d'être aussi sincére que les autres passagers. Je fis un peu le Jésuite dans cette rencontre-là, car je fus obligé de dire, en dirigeant mon intention, que j'étois Marchand

Portugais, ce qui fit que j'en fus quitte pour être apellé Juif ; ensuite on nous laissa passer sans faire la visite de nos coffres. La Ville de *Lubec* n'est pas si grande, ni si peuplée que celle de *Hambourg*, mais les rües sont plus larges & plus droites, & les maisons plus belles. Les Vaisseaux sont rangez à côté les uns des autres, le long d'un beau Quai, qui régne d'un bout de la Ville à l'autre, sur une Riviere si étroite, qu'elle est, à mon avis, plus profonde que large ; son plus grand commerce est celui de la Mer *Baltique*, quoi-qu'elle n'en est éloignée que de deux lieuës. C'est justement l'endroit où je suis à present, qui est située à l'embouchûre de cette petite Riviere, dans laquelle, il est impossible que les grands Vaisseaux puissent entrer, à cause d'une Barre, sur laquelle on ne trouve tout au plus que 14. ou 15. pieds d'eau, dans le tems même que les vents du large font accidentellement enfler les eaux, à peu près comme les marées de l'Ocean. Je m'embarquerai demain ici dans une Frégate destinée à porter des passagers à *Copenhague*, pourvû que le vent de Sud continuë comme il a fait aujourd'hui ; j'ai retenu la chambre de poupe dont je ne paie que deux Ducats, qui valent à peu près 4. écus de France. C'est la monnoie la plus courante, & la plus commode dans tous les Païs du Nord. Car elle a son cours en Hollande, en Danemarc, en *Suéde*, & chez tous les Princes *d'Allemagne*. Mais il faut prendre garde à n'en point recevoir qui ne soient de poids, si l'on veut éviter la chicane & la perte de quelques sols. Au reste, j'ai trouvé jusqu'ici de bonnes auberges dans toutes les Villes où j'ai passé. Le bon vin de *Bordeaux* ne manque non plus à *Hambourg* qu'à *Lubec*. On y boit aussi des vins de *Rhin* & de *Moselle*, mais je les trouve plus propres à faire cuire des carpes, qu'à toute autre chose. Adieu, Monsieur, le tems de finir ma Lettre & de plier bagage, s'aproche à l'heure qu'il est. J'espére d'être après demain à *Copenhague*, si ce vent de Sud est autant nôtre ami que je suis,

Monsieur, vôtre *Travemunde*, &c. 1694.

MONSIEUR,

LE vent de Sud-Est qui souffloit dans le tems que je vous écrivis ma derniere Lettre, nous conduisit jusqu'au Port de cette bonne Ville de *Copenhague*, ensuite il nous quitta pour aller porter le dégel aux Terres septentrionales de Suéde, où il étoit attendu depuis quelques jours. Ce petit trajet de Mer que nous fîmes en deux fois vingt & quatre heures, me parut assez divertissant; car j'eus le plaisir de voir à bas-bord, c'est-à-dire à la main gauche, quelques Isles Danoiles qui paroissent être assez peuplées, s'il en faut juger par la quantité de Villages, que je découvris en rangeant ces Isles, d'un tems clair & serain, à la faveur d'un petit vent frais & modéré. Ce trajet me sembleroit un peu dangereux en tems d'hiver, à cause des bancs de sable qui se trouvent en quelques endroits, car comme les nuits sont courtes, & les vents impétueux dans cette saison, je craindrois fort d'y échouër, malgré toute sorte de précaution. Dès que j'eus mis pied à terre dans cette Ville-ci, les gens de la Doüane firent la visite de mes valises, où ils trouvérent plus de feüilles de papier, que de pistoles. Le lendemain de mon arrivée j'allai saluër Mr. de *Bonrepaus* qui étoit allé prendre l'air depuis quelques jours à la campagne, pour le rétablissement de sa santé. Ensuite je revins dans cette Ville, qui peut être mise au rang de celles qu'on apelle en Europe grandes & belles. La fortification en est bonne & réguliere ; mais par malheur elle n'est pas révétuë. La Citadelle qui défend l'entrée du Port a le même défaut. Ce Port est un des meilleurs du monde ; car la Nature & l'Art l'ont mis à couvert de toute sorte d'insulte. Le terrain de *Copenhague* est uni, les ruës sont larges, & les maisons presque toutes de brique à trois étages. On y voit trois belles Places ; entr'autres celle du Marché du Roi, ainsi nommée à cause de sa

Statuë équestre qu'on a eû le soin d'y élever. Cette Place est environée de quelques belles Maisons, dans l'une desquelles Mr. de *Bonrepaus* est logé. Cet Ambassadeur avoit besoin d'une aussi grande Maison que celle qu'il occupe, aiant un aussi grand train. La magnificence de sa Table répond merveilleusement bien à celle de ses Equipages. Tout le monde l'estime & l'honore avec raison. Je n'en dirai pas davantage voulant ratraper l'article de la Ville, qui paroît très-avantageusement située, comme on le peut voir dans la Carte de l'Isle de *Zélande*. Elle est fort commode pour les Vaisseaux marchands qui peuvent entrer, sans peine, dans les Canaux qui la traversent. On y voit des Edifices curieux, les Eglises de *nôtre-Dame* & de *St. Nicolas* sont grandes & belles. La *Tour Ronde*, dont l'escalier à girons rempans permétroit aux Carosses de monter jusqu'au haut, passe pour une curieuse Masse d'Architecture. La *Bibliotéque*, qui se trouve renfermée dans le corps de ce Bâtiment est pleine de Livres & de Manuscrits fort précieux. La *Bourse* est encore un Edifice admirable par raport à sa longueur, outre qu'elle est située dans le plus bel endroit de la Ville. Le *Palais du Roi*, me paroît aussi estimable par son antiquité que s'il étoit bâti à la moderne. Car il suffit que l'harmonie des proportions se rencontre dans la Maſſe de ce Château, dont les meubles & les peintures ſont d'une beauté achevée. *Le cabinet de Curioſité du Prince Roial*, eſt rempli d'une infinité de piéces tout-à-fait rares. Les *Ecuries du Roi* ne contiennent à preſent que 100. Chevaux de Caroſſe, c'eſt-à-dire 13. ou 14. attelages de diférentes eſpéces, & cent cinquante chevaux de Selle ; mais les uns & les autres ſont également beaux. *Chriſtians-ſtave* eſt une ſeconde Ville ſéparée de *Copenhague* par un grand Canal d'eau vive. La Maiſon Roiale de *Rozembourg*, ſituée aux extrémitez de la Ville, eſt ornée d'un Jardin délicieux. Venons maintenant au caractére des Princes & des Princeſſes de la Cour. Il eſt inutile de parler de la valeur & de la vigilance du Roi : Car ces deux qualitez de ce Monarque ſont aſſez bien connuës de tout le monde. Je me contenterai de vous dire ſimplement qu'il a beaucoup de jugement & de capacité, & qu'il eſt fort attaché aux intérêts de ſes Sûjets, qui le regardent comme leur Pére, & leur Libérateur ; étant grand Capitaine, il ſçait tout ce qu'un habile homme de guerre doit ſçavoir. Il eſt affable & généreux, au ſuprême degré. Il parle également bien le Danois, le Suédois, le Latin, l'Allemand, & même l'Anglois, & le François. La Reine eſt la Princeſſe la plus accomplie qui ſoit au monde, c'eſt tout dire. Le Prince Roial eſt le digne Fils de ce grand Roi, & de cette bonne & vertueuse Reine. Comme vous l'avez entendu publier par autant de bouches qu'il y a de gens en France. Il est sçavant, il a l'esprit subtil, mêlé de douceur, & ses maniéres sont aussi Roiales que sa Personne, ce qui fait qu'on lui souhaite, en le voiant, le bonheur & la prospérité que sa phisionomie lui promet. Le Prince *Christian* est un aimable Prince, aussi-bien que le Prince *Charles* son Cadet. Il paroît je ne sçai quel air d'affabilité sur leur visage, qui charme tout le monde. Le Prince *Guillaume* leur Frére est un jeune Enfant tout-à-fait joli. La Princesse *Sophie*, qu'on nomme ordinairement la Princesse Roiale, a l'air effectivement Roial. Elle est belle, jeune, bien faite, aiant de l'esprit comme un Ange. C'en est assez pour la mettre au-dessus de toutes les Princesses de la Terre ; outre qu'elle a mille autres bonnes qualitez, dont le détail seroit un peu trop long, pour être inseré dans une Lettre. Parlons d'autre chose. On vit ici presque pour rien, quoique le bon poisson soit un peu cher ; de sorte que les repas ne coûtent dans les meilleures Auberges que 15. ou 16. sols. La viande de boucherie n'est pas si succulente, ni si nourrissante qu'en France : mais la volaille, les oiseaux de riviére, les liévres, & les perdrix, sont merveilleux. La bouteille du meilleur vin de Grave, ne coûte que 15. fols. Les Caroſſes de loüage s'y trouvent à un écu par jour, & à 60. livres par mois. Les eaux ſont bourbeuſes & peſantes, ce qui fait qu'on a recours à la biére qui eſt bonne, claire, ſaine & d'un prix fort raiſonnable. Les Réfugiez François ont ici l'exercice libre de leur Réligion ſous la direction de Mr. de la *Placette* Miniſtre *Bearnois*, à qui la Reine donne une très-bonne penſion, pour le ſoin d'une Egliſe publique dont cette Princeſſe eſt la Protectrice. Le Roi paſſe ordinairement l'Eté dans ſes Maiſons de Campagne, tantôt à *Iagesbourg*, à *Fréderisbourg*, & à *Cronembourg*. Il n'y a guére de Prince au monde qui puiſſe prendre le plaiſir de la chaſſe des Bêtes ſauves plus agréablement que lui. Tous ſes Parcs ſont pleins de chemins aſſez larges pour courir en Chaiſe. D'ailleurs, les Chevaux Danois, ont un galop étendu très-commode pour les Chaſſeurs, & les Chiens de ce païs-là ne tombent preſque jamais en défaut. Sa Table eſt auſſi bien ſervie qu'il ſe puiſſe. Ce qui fait qu'au retour de la chaſſe, il trouve un nouveau plaiſir à faire une chére angélique. Ce Prince s'occupe auſſi très-ſouvent à faire la revüë de ſes Troupes, à viſiter ſes Places, ſes Magaſins, ſes Arſenaux, & ſon Armée Navale. Il tire quelquefois à l'oiſeau avec les Seigneurs de ſa Cour. Il prit ce divertiſſement il y a deux mois à un quart de lieuë d'ici. Cet oiseau de bois, gros comme un coq, étoit planté sur le faîte d'un Mât ; Le Roi tira le premier de cent pas, mais sa bale n'enleva qu'une petite piéce du cou. Ses Courtisans tirérent ensuite si adroitement qu'il ne restoit plus qu'un morceau de cet Oiseau, que ce Prince fit sauter à la fin, après avoir été disputé par un assez grand nombre de tireurs. On trouve peu de gens ici qui n'entendent assez bien le François. Messieurs de l'Academie Roiale ne connoissent peut-être pas mieux la délicatesse & la pureté de cette Langue que Madame la Comtesse de *Frize*, qui par son esprit, par sa naissance, & par sa beauté, passe à bon droit pour la perle & l'ornement de cette Cour. Les *Danois* sont bien faits, civils, honnêtes, braves & entreprenans ; & leurs façons de faire ont quelque chose d'aimable, en ce qu'ils sont tout-à-fait affables & complaisans. Je les croi gens de réfléxion & de bons sens, éloignez de cette affectation & de cette vanité insuportable ; au moins je voi qu'ils procédent avec un dégagement Cavalier en toutes choses. Les Dames sont fort belles & fort enjoüées, aiant toutes généralement beaucoup d'esprit. Quelques-unes ne manquent pas de vivacité, quoique le climat semble un peu oposé à ce brillant, qui leur sied parfaitement bien. Les Danois se plaignent qu'elles sont un peu plus fiéres, ou plus scrupuleuses qu'elles ne dévroient ; ils ont raison sur le scrupule ; pour la fierté je n'en sçai rien ; quoiqu'il en soit on prétend que le *qu'en dira-t'on* est la cause qu'elles ne reçoivent presque point de visite ; si c'est pour éviter l'occasion, qui fait le larron, à la bonne heure : mais si c'est pour éviter les traits de la médisance, qui régne autant ici qu'ailleurs, elles ne font rien qui vaille ; car enfin elles ont plus de sagesse & de vertu qu'il n'en faut pour essuier des escarmouches de soûpirs sans s'émouvoir. Au reste, on les voit assez souvent chez Monsieur de *Gueldenlew*, Vice-Roi de Norwegue, & frere naturel du Roi. Ce Seigneur, qui est un des plus magnifiques de l'Europe, se fait un plaisir de faire donner tous les jours une grosse table de 18. couverts où ces Dames sont aussi-bien reçûës que les Cavaliers de distinction, lesquels après le repas ont accoûtumé de faire des parties de jeux, ou de promenade avec elles. On trouve la même chere & la même compagnie chez Mr. le Comte de *Revenclau*, qu'on tien ici pour un des plus zélez & des plus habiles Ministres du Roi. Ces repas sont un peu trop longs pour moi, qui suis accoûtumé de dîner en poste, c'est-à-dire en cinq ou six minutes, car ils durent ordinairement deux heures. Les mets excellens qu'on y sert en profusion ont dequoi satisfaire le goût, la vûë, & l'odorat. Ces tables ne diférent en autre chose des meilleures de nôtre Cour, si ce n'est qu'on y sert de grandes piéces de bœuf salé. Dont il me semble que les *Danois* auroient tort de manger avec tant de plaisir, s'ils n'avoient pas le soin de chasser du gosier la salive de cette viande avec l'agréable liqueur du bon homme Noé. Parmi les diférentes sortes de vin qu'on y boit, ceux de *Cahors* & de *Pontac* sont les seuls dont un François se puisse accommoder. Il semble que ce soit une coûtume inviolablement établi dans les Païs du Nord d'avaler une ou deux coupes de bierre, avant que de passer au vin, dont on fait trop d'estime pour le gâter avec l'eau. On dit que ces repas duroient autrefois quatre ou cinq heures, & qu'on bûvoit assez cavalierement pendant ce tems-là, malgré les risques de la goutte. Mais cet usage est maintenant aboli; d'ailleurs, les verres sont si petits, & la modération est si grande, qu'on sort de table avec toute sorte de tranquillité. Ce n'est pas qu'en certaines fêtes extraordinaires on fait encore des festins, où les conviez sont indispensablement obligez de boire quelques rasades effroiables dans certains *Welcoms*, autrefois en usage parmi les Grecs, sous le nom de Ἀγάθου Δαίμονος. Le souvenir de ces vases me fait trembler, depuis l'accident imprévû qui m'arriva malheureusement, il y a deux mois chez Mr. de *Gueldenlew*. Ce Viceroi régaloit dix-huit ou vingt Personnes de l'un & de l'autre Sexe, à l'honneur de la naissance d'un de ses Enfans. Le hasard voulut que j'eusse l'honneur de me trouver au nombre des Conviez, qui furent tous obligez, à la réserve de Mr. de *Bonrepaus*, de boire pendant le repas deux douzaines de rasades, à la santé des presens & des absens. Je vous avouë que j'étois fort embarrassé de ma contenance, & que j'aurois presque autant aimé boire le fleuve de St. Laurent que ces Fontaines de vin : Car il n'y avoit aucune aparence de tricher, ni de s'en défendre. Il ne s'agissoit plus de faire des réfléxions sur l'étrange situation où je me trouvois ; il falloit, suivant le proverbe, boire le vin, puisqu'il étoit déja tiré ; c'est-à-dire, faire comme les autres. Cependant on aporta sur la fin du repas un grand *Welcom* d'or contenant deux bouteilles, que tous les Cavaliers furent obligez d'avaler plein à la santé de la Famille Roiale. Dieu sçait si jamais le triste Nautonnier trembla de meilleure grace à l'aspect du naufrage, que je fis à l'abord de ce Vase monstrueux. Je veux bien vous dire que je le bûs, mais je n'acheverai pas, s'il vous plaît le reste de l'histoire, car je ne prétens pas faire trophée de l'action héroïque que je fis, à l'imitation de trois ou quatre autres, qui déchargérent leur conscience d'aussi bonne grace que moi, au pied de la Table. Après ce coup fatal j'étois si mortifié que je n'osois paroître, & même très-disposé à quitter incessamment le Païs, si mes Compagnons de bouteille & de disgrace ne m'en avoient dissuadé par une infinité de proverbes Allemans, qui sembloient loüer ce généreux exploit, sur tout celui-ci. *S'il est honteux de trop prendre, il est glorieux de rendre.* Au reste, les Gentilshommes *Danois* vivent assez commodément du revenu de leurs Terres, & même leurs Païsans ne manquent de rien, comme les nôtres, si ce n'est d'argent. Ils ont des grains & des Bestiaux, pour vivre grassement, & pour paier le fief à leurs Seigneurs. N'est-ce pas assez d'être bien vétu, & bien nourri? Je voudrois bien sçavoir à quoi servent les écus des Païsans de Hollande, pendant qu'ils ne mangent que du beurre & du fromage étendu sur du * *Pompernik*? si c'est pour paier le tribut à leur République, il faut aimer avec bien de l'aveuglement une ombre de liberté qu'on achete aux dépens de la substance qui maintient sa vie & sa santé. Le meilleur coup que les *Danois* aient jamais fait, c'est lorsqu'ils ont mis leurs Rois sur le pied qu'ils sont aujourd'hui. Ce

* *Pompernik*, est une espece de pain noir comme la cheminée, pesant comme du plomb & dur comme des cornes.

lui qui régne à présent exerce le pouvoir arbitraire avec autant d'équité que son Prédécesseur. Avant ce tems-là ce n'étoit que Factions, Cabales, & Guerres Civiles dans le Roiaume. On ne voioit que des désordres dans l'Etat & dans la Société. Les Grands oprimoient les Petits, & les Rois eux-mêmes étoient, pour ainsi dire, assujetis aux Loix de leurs Sujets. En un mot, ce phantôme de liberté, dont ces Peuples se laissoient éblouïr, comme plusieurs autres, par de fausses lueurs, ne servoit qu'à les rendre esclaves d'une infinité de Roitelets, qui agissoient en Souverains, sans craindre le pouvoir borné des Rois. Les revenus du Roi de Danemarc se montent, à présent, à 5. millions d'écus. C'est un fait incontestable que je sçai de très-bonne part. Il entretient près de trente mille Hommes de bonnes Troupes réglées, bien disciplinées, & réguliérement paiées, sans compter les Milices qui sont toûjours prêtes à marcher. Outre qu'il peut encore lever quarante mille Hommes dans le besoin, sans dépeupler ses Etats. Ses Officiers ont des apointemens raisonnables ; sur tout ceux de Marine, qui n'ont pas, comme les nôtres, plus de paie qu'il leur en faut, à proportion de nos misérables Capitaines d'Infanterie & de Cavalerie, lesquels sont obligez de faire assez maigre chere, pour subvenir aux dépenses

dont

dont les Capitaines de Vaisseaux sont exempts. On dit qu'il est avantageux à ce Prince de prêter ses troupes à ses alliez, non par raport aux sommes qu'il en peut retirer, mais seulement pour les tenir en haleine, les aguerir & les perfectionner dans l'art Militaire, afin d'en tirer de l'utilité dans l'occasion. Vous remarquerez, Monsieur, que le Roi de Danemarc est au-dessus de ce scrupule ridicule qu'ont la plûpart des autres Princes, de n'employer à leur service les étrangers qui ne sont pas de leur Religion. Messieurs de *Cormaillon, Dumeni, Libat*, & plusieurs autres, ont des emplois considérables dans ses troupes, quoiqu'ils soient François & Catholiques. Cela fait voir que ce Monarque est persuadé que les gens d'honneur manqueroient plûtôt à la Religion qu'à la fidélité qu'ils doivent à leur Maître. Entre nous, je croi qu'il a raison; car enfin le premier point de toute Religion consistant dans la fidélité qu'on doit à Dieu, à l'Ami, & au bienfaiteur, rien ne peut ébranler un honnête homme, ni le porter à agir contre son devoir. Je ne veux pas juger des autres par moi-même, mais pour moi, je vous assûre que si j'avois embrassé le service des *Turcs*, avec ma liberté d'être Catholique fieffé, & qu'il fût ensuite question d'embraser la Ville de Rome, j'y mettrois le feu le premier par l'obéïssance que je dévrois au grand Seigneur. Changeons de propos. Les

Tome III. I

Loix de Danemarc contenuës dans le Livre Latin que je vous envoie, vous paroîtront si claires, si sages, si distinctes, qu'elles semblent avoir été dictées par la bouche de *S. Paul* ; d'où vous conclurez ensuite que ce Païs n'est guére favorable aux Procureurs, Avocats, & autres gens de chicane. J'avouë que l'article des rencontres vous semblera déraisonnable, comme il l'est effectivement, car au bout du compte, il est presque aussi desavantageux de tuër son ennemi, que de se laisser tuër soi-même. La Cour de Danemarc est aussi belle qu'aucune autre de l'Europe, à proportion de sa grandeur. Les équipages des Seigneurs qui la composent sont des plus magnifiques. Ce qui est singulier, c'est qu'il n'est permis qu'aux personnes de la famille Roïale de donner des Livrées rouges à leurs Laquais. L'heure de la Cour est depuis midi jusqu'à une heure & demie, ou environ. Le Roi se fait voir pendant ce tems-là dans un Salon rempli de gens d'une propreté achevée, où n'y voit que des Habits brodez & galonez à la mode & de bon goût. Les Ministres étrangers s'y trouvent régulierement : car le Roi leur fait l'honneur de les écouter avec plaisir. On y trouve peu de Chevaliers de *l'Eléphant*, cet Ordre n'étant conferé qu'aux premiers du Roïaume. On peut dire qu'il est aujourd'hui le plus noble de tous ceux de l'Europe, & qu'il a moins dégéneré que les autres. Cela est si vrai que de trente-quatre Chevaliers, dont il est composé, les trois quarts sont Princes Souverains. L'Ordre de * Danebrouc est plus commun, & par conséquent moins considérable, quoique les Chevaliers qui sont revêtus de ce colier joüissent de plusieurs prééminences & prérogatives tout à fait belles. Les Fils naturels des Rois de Danemarc ont les titres de † Gueldenlew & de Haute Excellence, leurs femmes sont pareillement distinguées par celui de haute Grace. Le Roi régnant en a deux, qui ont plus de mérite qu'on ne sçauroit dire; l'aînée sert en France avec tout l'aplaudissement imaginable. Le second qui n'a que quinze ans, & qui est ici, promet beaucoup; a de l'esprit infiniment, il est beau, bien-fait, & de bonne mine; en un mot, c'est un des Chevaliers des plus accomplis que j'aie vû de ma vie. Il est pourvû de la charge de Grand-Admiral; & ce qui vous surprendra, c'est qu'il entend mieux la construction des Vaisseaux, & les Mathématiques, que les plus habiles Maîtres. Il y a deux Eglises Catholiques libres, permises, & publiques dans les Etats du Roi de Danemarc; l'une à Glucstat & l'autre à Altena. L'air de ce Païs est fort sain pour les gens sobres, & très-contraire à

* Danebrout, signifie l'ordre blanc.
† Gueldenlew, signifie Lion d'or.

ceux qui n'ont pas l'esprit content. On ne connoît ici d'autre maladie que celle du *Scorbut*. Les Médecins en attribuënt la cause à l'air salé, & chargé d'une infinité de vapeurs épaisses & condensées, lesquelles s'unissant sur la surface de la terre, s'insinuent avec l'air dans les poûmons, & par leur mélange avec le sang retardent si fort son mouvement, qu'il se coagule & de-là provient le scorbut ; mais avec la permission de ces Docteurs, je prendrai la liberté d'embrasser le parti de l'air de cette agréable Ville, en les priant de considérer que les impressions de l'air sur la masse du sang, sont moins fortes que celles des alimens. Si le scorbut provenoit des mauvaises qualitez de l'air, il s'ensuivroit que tout le monde en seroit attaqué, ce qui n'est point ; car les trois quarts des *Danois* en sont exempts. Je fonde mon raisonnement sur tous les soldats qui moururent de ce mal en 1687. au Fort de *Frontenac* & de *Magara*, comme je vous l'écrivis l'année * suivante, où l'air est le plus pur & le plus sain qui soit au monde. Il est donc plus raisonnable d'en atribuër la cause aux alimens, c'est-à-dire aux viandes salées, au beûrre, au fromage, & même au défaut d'exercice, & au sommeil excessif. C'est un fait dont tous les gens de Mer,

* 1688. Voiez mes lettres de cette année-là.

qui auront fait des voiageurs de long cours, ne difconviendront pas, dès qu'ils auront vû les terribles ravages que le fcorbut fçait faire fur les équipages des Vaiffeaux. Il faut donc s'en prendre aux mauvais alimens dont j'ai parlé, felon le fentiment d'un habile homme, en qui j'ai beaucoup de foi. Il me difoit un jour que ces alimens acides augmentent l'acidité du fang, ce qui fait que celui de ces fortes de maladies eft deftitué d'efprits, ou du moins ils s'y trouvent en fi petite quantité, qu'ils font facilement abforbez & envelopez par les acides qui y dominent, fi bien qu'il eft impoffible qu'ils puiffent exciter de grands fermentations. Pour ce qui eft du long repos, & du trop long fommeil, tout le monde fçait qu'ils difpofent beaucoup à l'obftruction des inteftins & qu'ils fervent à engendrer des fucs cruds, empêchant toutes les évacuations fenfibles accoûtumées, tant par le mouvement ralenti des efprits, que par l'infenfible tranfpiration des parties les plus fubtiles. Sur cela je conclus que les viandes fraîches, les bons potages, le fommeil réglé, & l'exercice modéré *ad ruborem, non ad fudorem*, font les antidotes du fcorbut & les meilleurs correctifs de la maffe du fang fur la mer, comme fur la terre. Si cette digreffion eft un peu longue, vous devez, Monfieur, l'atribuer au defir que j'ai de vous donner quelques avis pour vous préserver de cette maladie, en cas qu'il vous prenne envie de faire quelque voiage de long cours; & ne croiez pas, s'il vous plaît, que je me sois écarté du fil de ma narration, pour prouver que l'air de cette Isle est meilleur que celui de Portugal, c'est ce que je ne sçai pas. Car quelque air que je respire, je me porte également bien. Il est vrai que l'inconstance du temps qu'on remarque ici pourroit me chagriner un peu, si j'étois obligé d'y passer le reste de ma vie. Car le tems change assez souvent trois ou quatre fois le jour, passant du froid au chaud, du sec à l'humide, & du clair à l'obscur. J'ai eû l'honneur de faire la révérence au Roi dans son Château de *Frederisbourg*, où il confera l'ordre de *l'Elephant* à quelques Princes d'Allemagne, par procuration. Cette cérémonie, qui me parut tout-à-fait belle, y attira quantité de personnes de distinction, entr'autres tous les Ministres étrangers, qui se firent un très-grand honneur d'y assister. Quelques jours après, ce Prince alla prendre l'air à *Cronembourg*, situé directement sur les rives du Détroit du *Sund*. La fortification de ce Château est réguliere, il est revêtu de brique, & garni d'un grand nombre de couleuvrines de gros calibre, & de bonne longueur, qui défendent l'entrée de ce Détroit, auquel je puis donner 3500. pas géometriques de largeur, c'est-à-dire, une grande lieuë de France. C'est un plaisir de voir entrer & sortir chaque jour une infinité de Vaisseaux, qui vont, & qui viennent de l'Ocean à la Mer Baltique. Et comme les canons de *Cronembourg* sont les clefs de cette porte, il faut que tous les bâtimens étrangers viennent indispensablement moüiller au Bourg *d'Elseneur*, pour y raisonner, avant que de passer outre. Vous me direz, peut-être, qu'une grosse Flotte de Vaisseaux de guerre n'auroit pas trop de peine à franchir ce passage, aux dépens de quelques canonades, je l'avouë ; mais si l'Armée navale du Roi de Danemarc étoit moüillée dans ce détroit, je suis persuadé qu'elle en défendroit l'entrée. Sur ce pied-là je conclus donc qu'on ne doit pas trouver étrange que Sa Majesté Danoise exige un médiocre tribut des Vaisseaux Marchands de toutes les Nations, à la réserve des Suédois. Au moins, il me semble qu'il est plus en droit de le faire que le Grand-Seigneur au détroit des *Dardanelles*. Car la plûpart des Vaisseaux qui entrent dans la Mer Baltique vont faire leur commerce à *Lubec*, en *Brandebourg*, à *Danzic*, en *Prusse*, en *Courlande*, en *Livonie* & en *Suede*; au lieu que ceux qui entrent dans les *Dardanelles* abordent aux Ports du *Grand-Seigneur*, pour trafiquer avec ses sujets, & non pas avec d'autres. Je voudrois bien sçavoir si le Roi d'Espagne ne prétendroit pas qu'on lui païât auſſi le droit d'entrée au détroit de *Gilbraltar*, ſi l'Europe & l'Afrique avoient l'honnêteté de s'aprocher tant ſoit peu l'une de l'autre ; même ſans cela, qui ſçait ſi ce Prince aiant un jour une puiſſante Armée navale, ne s'aviſeroit pas de l'exiger ? Cette queſtion n'eſt pas ſi problématique que vous le croiez. Quoiqu'il en ſoit, il y a bien des gens qui s'imaginent à la bonne foi, qu'on pourroit ſe diſpenſer de paier le tribut du paſſage du *Sund*, ſi l'on s'obſtinoit à paſſer par un des deux *Belts*. Mais ils ſe trompent. Cela ſeroit bon ſi les ſables qui ſont dans la Mer, étoient auſſi fixes que ceux qu'on imprime ſur les Cartes Marines ; ce qui n'eſt pas ; car les uns ſe meuvent à chaque tempête, & changent de place, au lieu que les autres demeurent éternellement ſur le papier. D'ailleurs, il y a une infinité de rochers couverts & de courants irréguliers inconnus aux Pilotes les plus experts, malgré leurs cartes & leurs * flambeaux de mer, où ces écueüils ne ſçauroient être marquez. Chargeons de propos, & diſons que le Danemarc produit quantité de choſes qu'on y débite avantageuſement aux Anglois & aux Hollandois. En voici quelques-unes ; le ſégle, le froment, le Cidre, l'hydromel, les pommes, les bœufs, les vaches, les cochons gras, les chevaux, le fer, le cuivre, le bré, &

* Livres de cartes Hidrographiques, &c.

toutes sortes de bon bois de charpente, sur tous les mâts de Norwegue, où il s'en trouve d'assez grands d'un seul brin pour mâter l'Arche de Noé; il y a des mines d'argent dans cette partie Septentrionale, dont on prétend que le Roi pourroit tirer quelque avantage, s'il vouloit faire de la dépense pour les ouvriers.

Les Norwegiens trafiquent aussi quantité de peaux d'Ours, de Renard, de Martres, de Loutres & d'Elan, qui ne sont pas si belles que celles de Canada. Venons aux forces maritimes du Roi de Danemarc. Sa Flotte, qui est toûjours bien entretenuë, aussi-bien que ses Megasins, & ses Arsenaux de Marine, est composée de 28. Vaisseaux de Ligne, de 16. Frégates, & de 4. ou 5. Brûlots, sçavoir,

8. Vaisseaux depuis 80. canons jusqu'à 100.
10. Vaisseaux depuis 60. canons jusqu'à 80.
10. Vaisseaux depuis 50. canons jusqu'à 60.
16. Frégates de 10. canons jusqu'à 26.
3. Galiotes à Bombes.
1800. Charpentiers entretenus.
400. Canoniers entretenus.

La paie des Capitaines de Vaisseaux est diférente; les uns ont 300. écus par an, & les autres 400. Les Capitaines Commandeurs en ont 500. & les Commandeurs 600. Outre cela il y a douze gardes marines, qu'on apelle aprentifs, à 100. écus de paie par année. Or il faut que vous remarquiez, s'il vous plaît, que ces apointemens ne sont pas si médiocres que vous pourriez vous l'imaginer ; car on vit plus commodément en Danemarc avec trente écus, qu'en France avec cent.

Outre les forces maritimes, dont je viens de parler, le Roi peut trouver au besoin 24. Vaisseaux depuis 40. canons jusqu'à près de 60. que ses sujets sont obligez de lui fournir à sa volonté ; & dont ils se servent pour le commerce d'Espagne, de Portugal, & de la Méditerranée. Il faut remarquer en passant que les Vaisseaux Danois de 50. piéces peuvent hardiment prêter le côté aux Vaisseaux Anglois ou François de 60. à cause de la grosseur de leur Artillerie, & de la force de leur bois. Tous ces bâtimens, dont je parle, sont construits à varangue demi plate, ce qui fait qu'ils sont assez pesans de voile, leur mâture est grosse & courte. Courte, pour ne pas sombrer sous les voiles, lorsqu'il s'agit de parer des Caps, des Isles, des Rochers & des Bancs, dans un gros tems, & grosse, afin de pouvoir porter les voiles à tarc, en doublant ces Caps, ces Isles, &c. quand les vents foux & pesans de la Mer Baltique souflent avec impétuosité, les matelots qui sont emploiez au service du Roi de Danemarc sont bien nourris & bien paiés; & ce qu'il y a d'avantageux pour ces gens-là, c'est qu'on leur donne dix ou douze écus de conduite, *gratis*, outre leurs gages, dès que la Flotte est rentrée dans le Port de *Copenhague*, pour desarmer. Cependant, il y a toûjours 3000. matelots entretenus ici, & logez dans des casernes uniformes, situées aux extrémitez de la Ville. Finissons par les monnoies de ce Roiaume.

Un Risdal Banque   vaut 50. sous de Lubec.
Un Risdal Danois   vaut 48. sous de Lubec.
Un Scletdal   vaut 32. sous de Lubec.
Un Marc Dansch   vaut 16. sous de Lubec.
Un Marc Dansch   vaut 8. sous de Lubec.
Un demi-Marc Dansch vaut 4. sous de Lubec.

Un sol de Lubec vaut deux sous Danois; & deux sous Danois valent 14. deniers de France. Faites vos réductions sur ce pied-là. Un Ducat d'or vaut ordinairement deux *Risdals* Danois, & quatorze sous, quelquefois deux sous plus ou moins. Le *Rosnabel* vaut le double. C'est-à-dire deux Ducats. Le Loüis d'argent ou l'Ecu de France passe en Dannemarc pour un *Risdal* Danois. Les demi & les quarts à proportion, aussi bien que les Loüis d'or. Les lieuës de l'Isle de Zélande, sont composées de 42000 pas géométriques ; celles de Norwegue sont plus grandes, & celles de *Holstein* plus petites.

L'aune de Copenhague est d'un pouce & demi plus grande que nôtre demi-aune.

MONSIEUR,

JE partis de Copenhague trois jours après la datte de ma derniere Lettre, par la commodité des carosses de Mr. de Bonrepaus, qui voulant éviter l'embarras du passage des deux Belts, prit les devans pour aller attendre à Coldink le Roi de Danemarc. Il faut que vous sçachiez que ce Prince fait tous les ans ce voiage en poste, quoique sa suite soit de mille ou douze cens personnes. Les Païsans des Villages situez sur la route, ou aux environs, sont obligez d'amener leurs chevaux à jour & lieu nommé, pour être aussitôt attelez aux carosses & aux chariots, qui contiennent ce nombre de gens avec leur bagage. Ces chevaux, quoique petits, sont nerveux, forts, vigoureux, ramassez, insensibles au froid, & même assez legers pour aller au grand tort, presque aussi vîte qu'au galop ; la course ordinaire de ces animaux est de deux ou trois lieuës, aussi-bien que celle des soldats de Cavalerie, qui se trouvent à toutes les postes pour escorter le Roi des unes aux autres. C'est le 15. de Septembre que nous partîmes de Copenhague & nous arrivâmes dans trois heures à Roskild, aiant fait six lieuës de 20. au degré. Nous n'eûmes que le tems de voir les Tombeaux des Rois de

Danemarc, pendant que les Païsans atéloient leurs chevaux aux carosses, & aux chariots. Ces Mausolées de marbre, qui sont des chefs-d'œuvre d'Architecture, sont ornez des bas reliefs, & d'inscriptions latines. Ces beaux Marbres bien polis sont de *Poros*, de *l'Afriquain*, du *Brocatelle*, du *Serpentin* & du *Cipollino*. Ces Tombeaux sont renfermez dans les Chapelles d'une Eglise antique qui apartenoit aux *Benedictins*, avant que *Luther* se fit chef de parti. Nous allâmes coucher ce jour-là à un Village près du grand *Belt*, après avoir eû le plaisir de voir quelques beaux Païsages sur la route. Le lendemain à huit heures du matin nous arrivâmes au Bourg de *Corsor* situé sur les rives de ce Détroit, & fortifié de gason à queuë. Dès que nous fûmes embarquez dans le Yacht destiné pour Mr. de *Bonrepaus*, nous évantâmes nos voiles, mais le vent étoit si foible, & la Mer si tranquille, durant ce trajet de quatre lieuës, qu'on eût bû sur le pont des rasades sans verser. Dès que nous eûmes mis pied à terre à *Nibourg*, qui est une petite Bicoque régulierement fortifiée, nous montâmes en carosse, & le même jour nous allâmes coucher à *Odenzée* Ville Capitale de l'Isle de *Fionie*. Elle est située au milieu de cette Isle, qui est une des plus fertiles du Roiaume. L'Eglise de l'Evêché est, pour le moins, aussi belle que grande, les Rois de

Dañemarc résidoient autrefois dans cette Ville-là, dont les habitans eurent la cruauté de massacrer un de ces Princes. La Noblesse de cette Isle dispute l'ancienneté à celle de Venise, sur tout la famille de *Trooll*, qui signifie sorcier, & dont les armes parlantes sont un diable de sable en champ de gueule; d'où se conjecture que ce *Leo rugiens* étoit plus traitable & plus illustre du tems des premiers siécles, qu'en celui de * l'Auteur de sept Trompétes, puisque les Nobles se faisoient honneur de le placer dans l'écu de leurs armes. Le 18. nous nous mîmes en marche pour aller à *Midelford* où nous trouvâmes une barque qui nous traversa de l'autre côté du petit *Belt*, après avoir inutilement attendu plus de deux heures, les chariots qui portoient les domestiques & les provisions de Mr. de *Bonrepaus*. Dès que le trajet fut fait, on nous aprit qu'ils s'étoient égarez, cependant la faim nous pressoit tellement que nous fûmes obligez d'entrer dans la maison d'un Métaier, où nous aprêtâmes nous-mêmes des grillades & des amelettes, qu'il fallut manger sans boire. Car la bierre de nôtre hôte étoit aussi détestable que son eau. Quelque tems après, les équipages arrivérent; comme il étoit déja tard, nous fûmes contraints de passer la nuit dans cette

* Vieux radoteur qui soûtient cent rêveries capables de renverser l'esprit des femmes.

Maitérie. Le jour suivant nous arrivâmes à *Coldink*, où le Magistrat eut le soin de loger Mr. de *Bonrepaus* dans la plus belle maison de la Ville, où le Roi arriva trois ou quatre jours après. Cette petite Ville est située dans le Païs de *Jutlandt*, sur les rives d'un Golfe si peu profond, qu'il ne porte que des barques. Cependant elle est considérable par la Doüane des bestiaux, qui raporte au Tresor-Roial près de deux cens mille *Risdais*. Le Château est une antique masse de pierre, qui contient beaucoup de logement; mais sa situation est tout à fait avantageuse; car il est bâti sur une éminence d'où l'on découvre tous les Païsages d'alentour. Les Danois veulent qu'on croie sur leur parole qu'un Ange fut envoié du Ciel dans la salle de ce Château, pour avertir Christian troisiéme, Roi de Danemarc, que le bon Dieu se préparoit à le recevoir trois jours après cette notification. Ils ajoûtent que pour conserver la mémoire de cette vision miraculeuse, on mit dans l'endroit même où cet Ambassadeur celeste eut l'audience de ce Prince, un grand poteau, que j'ai vû toutes les fois que j'ai été à la Cour: car c'est dans cette Salle-là que le Roi se faisoit voir dans le tems que j'étois à *Coldink*. Nous en partîmes le 24. pour aller à *Rensbourg* où nous arrivâmes le 25. après avoir passé par plusieurs petites Villes & Maisons Roiales, dont la description nous meneroit un peu trop loin. Je me contenterai de vous dire, en passant, qu'on a beaucoup plus de plaisir que de peine à courir la poste dans ce Païs là, soit en chariot, soit en carrosse, à cause de l'égalité du terrain, où l'on trouve aussi peu de cailloux que de montagnes. Le Roi ne fut pas plûtôt arrivé à *Rensbourg* qu'il visita les fortifications de cette place, qu'on pourra bien-tôt mettre au rang des meilleures de l'Europe. Ensuite, il fit la revûë d'un corps d'Infanterie & de Cavalerie, dont il eut sujet d'être content. Au bout de quelques jours, il prit la route de *Glucstat*, qui est une petite Ville située sur *l'Elbe*, & presque aussi régulierement fortifiée que celle dont nous venons de parler. Cependant, Mr. de *Bonrepaus*, qui ne pouvoit suivre ce Monarque, à cause des affaires qu'il devoit terminer à *Rensbourg*, avec Mr. l'Abbé *Bidal*, me donna des Lettres pour des Personnes par lesquelles il s'imaginoit que Mr. de Pontchartrain se laisseroit fléchir, mais il se trompa, comme vous l'aprendrez bientôt. Je n'eus pas plûtôt pris congé de cet Ambassadeur, que je m'en allai à *Hambourg*, où quelques personnes m'avertirent que Mr. le Comte de *Cunissec*, Envoié Extraordinaire de l'Empereur à la Cour de Danemarc, sollicitoit les Bourguemaistres de me faire arrêter. La chose me parut assez vrai-semblable, sçachant qu'il avoit pris feu contre moi à *Frederisbourg*, quelque tems auparavant, au sujet de certaines illuminations qu'on fit en ce lieu-là ; ce qui m'obligea de me sauver au plus vîte à *Altena*, où j'attendis un passeport de Monsieur le Duc de *Baviére*, sans quoi l'on m'eût arrêté dans la Flandre Espagnole. Dés-que je le reçus, il se présenta l'occasion d'un Carrosse de retour, qui partoit pour *Amsterdam*, dans lequel je fus assez heureux de trouver une bonne place, à trés-bon marche, sans être incommodé par le nombre de gens ; car nous n'étions que quatre, sçavoir, un vieux Marchand Anglois, une Dame Allemande, sa femme de Chambre, & moi. Ce voiage, qui dura huit jours, m'eût duré huit éternitez, sans l'agréable conversation de cette aimable Dame, qui parloit assez bon François pour s'énoncer avec beaucoup de délicatesse. Imaginez-vous, Monsieur, que les routes de *l'Arabie deserte* ne sont peut-être pas si mauvaises que celles de la *Westphalie*, au moins il est sûr qu'il n'y a pas tant de bouë, mais c'est des gîtes dont je prétens vous parler, car il faut que vous sçachiez que ces Cabarets sont des Archihôpitaux, dont les hôtes mourroient de faim, si les étrangers n'avoient pas la charité de leur donner des vivres, dont ils sont obligez de se pourvoir chez de riches Maitaiers, qui se trouvent de distance à autre. On doit se contenter de coucher sur la paille dans ces pitoiables Retraites, où les voiageurs ont la seule consolation de commander & de faire marcher l'hôte, l'hôtesse, & les enfans, comme bon leur semble. On est trop heureux d'y trouver une poële, & un chauderon pour faire la cuisine. Il est vrai que le bois n'y manque pas; & comme les cheminées sont isolées, & construites en quarré, vingt personnes s'y peuvent chauffer à leur aise. Cependant, j'admirois la patience de cette Dame, qui, bien loin de se plaindre des incommodités du voiage, se faisoit un plaisir de voir pester le Marchand Anglois, sa femme de Chambre, & moi. Je conjecturai par son air & par ses maniéres qu'elle étoit femme de qualité, en quoi je ne me trompai pas, car j'apris après que nous nous fûmes séparez qu'elle étoit Comtesse de l'Empire. Elle connoissoit si bien le génie des François que je ne doutai pas qu'elle n'eût été à Paris; ce qui m'en persuada le plus, c'est qu'elle me parla comme fort sçavante des premiéres personnes de la Cour. D'ailleurs, elle avoit un vieux domestique François & Catholique, qui n'entendoit presque point l'Alleman. Elle étoit grande, bien-faite, avec assez d'embonpoint, & même si belle, qu'elle fit en vain tout ce qu'elle pût pour me persuader qu'elle avoit cinquante-cinq ans. Elle ne pouvoit souffrir qu'on lui dit que la fraîcheur de son tein sembloit lui donner un démenti. Elle prenoit cet aveu pour une injure, prétendant que les charmes d'une femme de cinquante ans sont trop ridés pour causer de l'admiration. Chose singuliére & bien extraordinaire! Car les personnes de son séxe ne sont guére accoûtumées à tenir ce langage, puisqu'elles aimeroient mieux qu'on attaquât leur vertu que leur beauté. Quoiqu'il en soit, elle me parut fort prévenuë contre les gens de nôtre Nation, qu'elle traitoit d'indiscrets & d'évaporez, se récriant toûjours sur la mauvaise opinion qu'ils ont des Allemans. Comment, disoit-elle, est-ce que les François ont l'audace de leur disputer le bon esprit, en les prenant pour des gens grossiers & materiels, au lieu de les prendre pour des gens de bons sens & de réfléxion, qui pénétrent le fond des choses avec beaucoup de jugement? Quoi donc, continuoit-elle, faut-il être François pour avoir de l'esprit; faut il avoir cette vivacité & ce faux brillant qui éblouït avec un vain éclat? Faut-il avoir le feu d'une imagination prompte & subtile pour débiter des sornetes avec des paroles dorées? Non, non, cette délicatesse d'expressions est de la crême foüétée; il s'agit, pour rendre justice aux uns & aux autres de céder aux François la science de bien parler, & aux Allemans celle de bien penser. Cette Dame n'en demeura pas-là ; car aiant attaqué vigoureusement la fierté de la Nation, elle la traita de vaine & d'orgueilleuse, dont la présomption & la vanité sont les moindres défauts. Vous voiez par là, Monsieur, qu'il falloit qu'elle eût été en France, & d'autant plus qu'elle sçût fort bien me dire que les François insultoient les Allemans par ces proverbes ridicules. *Cet homme entend aussi peu raison qu'un Alleman, il m'a fait une querelle d'Alleman. Il me prend pour un Alleman. Cette Femme est une bonne Allemande*, pour dire qu'elle est sotte & naïve. Cependant, je tâchois de la dissuader, en lui remontrant qu'elle devoit faire une grosse différence entre les François raisonnables & ceux qui sont assez foux de s'imaginer, qu'ils sont les modéles sur lesquels tous les autres Nations doivent se former. Je la priai de se défaire de ses préjugez & de croire que les gens d'esprit font beaucoup d'estime des Allemans, dont on peut loüer le mérite, la probité, le bon sens, & la bonne foi. Effectivement, Monsieur, on ne peut refuser ces bonnes qualitez aux gens de quelque distinction parmi eux ; aussi l'étimologie du mot *all* qui signifie *tout*, & *man* qui veut dire *homme*, fait voir qu'ils sont propres à tout faire, comme les Jésuites, à qui l'on a donné ce titre de *Jesuita omnis homo*; ce qui fait, par une plaifanterie fophiftique, que tous les Jéfuites font Allemans. Je n'en demeurai pas-là, car je l'affûrai que nous les confidérions par mille beaux endroits, leur étant redevables d'avoir trouvé les propriétez de l'aiman, fans quoi il eut été impoffible de faire la découverte du Nouveau Monde ; d'avoir inventé l'Imprimerie, fans quoi l'on auroit pris des Manufcrits fabuleux pour des Ecrits divins ; & d'avoir enfin trouvé l'invention des Horloges, de la fonte des Canons, & des Cloches. Ce qui prouve clairement qu'ils ont beaucoup d'induftrie & de capacité. J'ajoûtai à cela que l'Allemagne a produit des foldats dont la valeur & l'intrépidité ont fait trembler le Capitole, après avoir défait les Confuls Romains, & foûtenu vigoureufement les efforts du courage & de la puiffance des Légions Romaines. Que l'Allemagne n'a pas été moins fertile en Savans, à la tête defquels on peut mettre *Jufte*, *Lipfe*, *Furftemberg*, Mr. *Spanheim* & *Melanchton*. A ce mot de *Melanchton*, la Dame m'imterrompit, en me difant qu'elle étoit furprife de ce que les François reprochoient aux Allemans le vice de trop boire, pendant qu'on pourroit leur reprocher celui de Platon avec le jeune *Dion*, & *Agathon*. J'étois prêt à lui répondre, que fi les François étoient du goût de ce Philofophe, c'étoit feulement pour aimer auffi conftamment des Femmes surannées qu'il aima ſa vieille *Archeanaſſe*; mais je me contentai de lui dire que les Allemans ſe ſentant offenſez du titre de Beuveurs, ſupoſoient aux François l'amour *Platonique*, pour les rendre odieux aux perſonnes de ſon Sexe. Il n'en falut pas d'avantage pour les juſtifier, car elle ſe paia de cette raiſon. Au reſte, elle avoit de l'eſprit infiniment, & même elle étoit ſi aimable à un âge ſi avancé que ſi *Balzac* l'eût vûë, il ne ſe ſeroit pas aviſé de dire qu'il n'a jamais pû trouver de belle Vieille en ſa vie. Il faloit, ſans doute, que cet Oracle de la Gaſcogne entendît par ce mot de Vieille une femme de 70. ans: Car j'en ai vû trois ou quatre à l'âge de 60. d'une beauté achevée ſans rides & ſans cheveux blancs; dont les yeux ſervoient encore de retraite à *Cupidon*. Je ne fus pas plûtôt arrivé à *Amſterdam*, que je loüai le *Rouf* du Bâteau de nuit de *Rotterdam*, qui part tous les jours à trois heures après-midi de l'une de ces Villes, pour aller à l'autre. J'en fus quitte pour un écu que je ne regrétai pas. Car j'eus la commodité de dormir avec beaucoup de tranquillité durant la nuit, ſur des matelats que le Patron eſt obligé de fournir aux Paſſagers qui loüent cette petite chambre. Le lendemain de mon arrivée à *Rotterdam*, je m'embarquai pour la Ville d'*Anvers*, dans une *Seméle* qui eſt un Bâtiment à Varangues plattes, & à seméles, où l'on ne paie que demi pistole pour Maître & Valet. Cette navigation sûre & commode se fait jusqueslà par le secours des Marées & des vents favorables ou contraires, entre la Terre ferme & les Isles Hollandoises. Je me servis *d'Anvers* à *Bruxelles* du Bâteau ordinaire, qui est une espece de Coche d'eau tiré par un Cheval. Dès que j'arrivai à *Bruxelles*, on me conseilla de prendre la poste pour *Lille*, parce que les Voleurs ne laissoient guére passer des Carosses & des Chariots sans dépoüiller les gens qu'ils y trouvoient. Je profitai de cet avis, & par ce moien j'évitai ce qui n'eût pas manqué de m'arriver, si je l'eusse rejetté. Enfin, deux jours après non arrivée à Lille, je pris le Carrosse qui part deux fois la semaine pour cette bonne Ville de Paris, où j'arrivai la semaine passée après avoir été bien écorché par les impitoïables Hôtes de la route. Ils ne font non plus de quartier aux Voiageurs qui ne marchandent pas ce qu'ils mangent, que les Doüaniers de *Peronne* à ceux qui ne déclarent pas ce qu'ils portent. La visite qu'ils font est si exact, que non contens de vuider les Cofres & les malles, ils foüillent les gens depuis la tête jusqu'aux pieds ; les femmes grosses leur sont si suspectes, qu'ils glissent quelquefois la main où l'on glisse autre chose. Et si quelqu'un porte du tabac en poudre, du Thé, des Etoffes des Indes, ou des Livres de Hollande, tout son bagage est confisqué. Je ne fus pas plûtôt arrivé ici, que j'allai à *Versailles*, pour donner les lettres dont Monsieur de *Bonrepaus* m'avoit chargé. Les Personnes à qui elles s'adressoient firent en vain tout ce qu'elles pûrent pour obtenir de Mr. de *Pontchartrain*, que je justifiasse la conduite que j'avois tenu à Plaisance. Il leur répondit froidement que l'esprit roide & infléxible du Roi ne recevoit jamais de justifications d'un Inférieur envers son Supérieur. Or cette réponse, qui ternit en quelque façon l'éclat du mérite & la judicieuse conduite d'un si sage Prince, me fit bien connoître que ce Ministre étoit moins sévére par principe d'équité, que pour suivre la dureté de son naturel *Iroquois*. Cependant, je pensai mourir de chagrin, quoique tous mes Amis tâchassent de me consoler, en me conseillant de m'élever au-dessus de ma mauvaise fortune, jusqu'au changement de Gouvernement. Ils ne balancérent point à me persuader de chercher quelque asile où je pusse être à couvert de la fureur de Mr. de * * *, pendant qu'il plaira à Dieu de le laisser vivre pour lui donner le tems de se convertir. *Je ne veux pas que le pécheur meure, mais je veux qu'il se convertisse*, &c. Cette exhortation est d'une belle spéculation, mais peu éficace efficace lorsqu'il s'agit d'attendre si long-temps, sans autre ressource que le trésor du fond de la boëte de *Pandore*. Adieu, Monsieur, je partirai incessamment pour ma Province, où je ne ferai que passer comme un éclair ; je ne vous écris pas le reste, me contentant de vous dire simplement que je suis,

Monsieur, Vôtre, &c.

A Paris ce 29. Decembre 1694.

MONSIEUR,

Vous serez bien surpris d'aprendre que je suis à la vûë d'une terre dont il ne me reste que le nom. Mais ce qui suit vous surprendra d'avantage, c'est que toutes les recommandations des premieres personnes de la Cour n'ont pû toucher le cœur de Mr. de Pontchartrain, tant il est prévenu contre moi. Il est question de vous dire qu'étant parti de Paris avec bien du mécontentement, j'allai m'en consoler, quelques mois, dans une certaine Province du Roiaume qu'il vous sera très-facile de deviner. De-là je fis un saut droit à la Rochelle, où je m'embarquai sur un bâteau qui porte ordinairement des Passagers à la *Tremblade*. Je me trouvai dans cette voiture dans la compagnie d'un Moine blanc, dont l'histoire est trop singuliere pour n'en pas dire quelque chose.

Il s'apelloit *Don Carlos Baltazar de Mendoza* : il est fils d'un bon riche Gentil homme de Bruxelles ; il est âgé d'environ trente-trois ou trente-quatre ans, & pour le moins aussi haut & aussi maigre que moi. Il servit trois ou quatre ans le Roi d'Espagne en qualité de Capitaine de Cavalerie, & comme il s'attachoit plus à l'étude des sciences qu'à celle de plaire au Gouverneur général des Païs-Bas, Sa Majesté Catholique lui refusa un Régiment que son Pere ofroit de lever à ses dépens. Ce refus l'obligea de quitter le service ; ensuite ses parens le voulant marier, il alla se faire Moine en Allemagne, & quelque tems après il jetta le *froc aux orties*. Les gens qui m'ont compté son histoire, m'ont assuré qu'il avoit repris & laissé plusieurs fois son froc. Quoiqu'il en soit, on peut dire que ce Moine est un des habiles hommes de son siécle. Il possede aussi parfaitement les meilleures sciences, que les principales Langues de l'Europe. C'est un aveu qui est sorti de la bouche des plus fines gens de Bourdeaux, qui lui rendirent plusieurs visites dont je fus le témoin, car nous logeâmes ensemble dans cette Ville-là. Le meilleur de l'affaire, c'est que le lendemain de nôtre arrivée deux Marchands de son Païs lui conterent de beaux Loüis d'or, d'une partie desquels il se défit en faveur des Soldats du Château Trompéte, qui n'auroient jamais crû qu'un homme d'Eglise pût être si libéral envers des gens de guerre. Tous les Théologiens, Mathématiciens, & Philosophes qui le visitérent, étoient si charmez de son sçavoir, qu'ils avoüoient que l'homme du monde le plus subtil & le plus pénétrant ne pourroit jamais aquerir après une étude de 60. ans, les connoissances de celui-ci. Nous demeurâmes quinze jours à Bourdeaux, sans qu'il eût la curiosité de voir autre chose qu'une petite Eglise du Voisinage, & le Château Trompete. Il lisoit & écrivoit incessamment : mais pour de Bréviere, *nescio vos.* Je croi même qu'il n'en portoit pas; car il n'étoit ni Diacre, ni Prêtre. Pour ce qui est de son Ordre, il ne m'a pas été possible de le sçavoir ; car quand je le lui ai demandé, il m'a répondu, *Je suis Moine blanc, & rien plus.* Nous prîmes tous deux place dans le carrosse de Baione, car il s'en va en Espagne, & lorsque nous arrivâmes à *l'Esperon,* nous nous séparâmes, & je pris la route de *Dax,* & lui celle de *Baionne.* Je ne fus pas plûtôt arrivé dans la maison champêtre où je suis, que je reçûs une infinité de visites dont j'aurois bien pû me passer ; car j'ai la tête si pleine des contes de vigne, de jardinage, de chasse, & de pêche, dont on me parle depuis quatre jours, qu'à peine ai je l'esprit assez libre pour vous dépêcher cet exprès, & pour vous faire un détail des affaires qui m'obligent à vous demander une entrevûë; mais ce qui me trouble d'avantage, est l'impertinente folie de nos plus fages compatriotes. Car ces bonnes gens tant Prêtres, Gentilshommes, que Païfans, ne font que me parler de Sorciers, depuis le matin jufqu'au foir, & même ils vous citent en particulier comme l'homme du monde à qui les Sorciers ont fait le plus de niches. Enfin, pour peu qu'ils continuënt à me débiter leurs chiméres, je croi que je deviendrai Magicien. Ces Vifionaires m'affûrent d'un grand férieux que tel & telle font Sorciers, quelques-uns jurent de bonne foi qu'ils le font eux-mêmes, d'autres me difent en confcience, qu'ils l'ont été, & qu'enfuite ils ont quitté le fabath. Je demande aux uns & aux autres les charmes de ce fabath; ils me répondent que c'eft un Palais où l'on trouve les meilleurs Vins, les plus beaux repas, les plus belles Femmes, & la plus agréable fimphonie qui foit fous le Ciel; qu'on y boit, qu'on y mange, qu'on y danfe, & qu'on y fait avec les Dames ce qu'on peut bien faire ailleurs fans être forcier. Enfin, je ne croi pas qu'il foit permis aux bêtes d'être fi bêtes que ces foux-là. Ceci furpaffe l'imagination, car enfin, on s'apelle ici Sorcier, comme ailleurs on s'apelleroit Camarade. Tout le monde en croit le nombre fi grand qu'il eft honteux à un homme de ne point passer pour tel ; ainsi chacun se fait gloire de porter ce vénérable tître de Sorcier. On me prend pour un Athée, depuis que je suis ici, parceque je me tuë de dire à nos Prêtres & à nos Gentilhommes qu'il n'apartient qu'aux cerveaux creux de donner dans le paneau de ces rêveries. Mais ce qui me desespere, c'est qu'aiant autant d'esprit que vous en avez, vous puissiez-vous même gober ces folies si monstrueuses, malgré cent raisons contraires à cette ridicule opinion. Sçachez, Monsieur, qu'il faut absolument nier la toute-puissance de Dieu, si l'on établit dans le monde les Sorcierrs, les Magiciens, les Devins, les Enchanteurs, les Spectres, les Fantômes, les Farfadets, les Lutins, & le Diable visible que nous mettons à la queuë de toutes ces chiméres. C'est avoir peu de religion, d'esprit, & de sagesse de croire que Dieu se serve de Sorciers & de Magiciens pour faire du mal aux hommes, & aux biens de la terre. Il n'y a que les Européans capables de croire ces sottises. Chacun se fait un plaisir de conter ces visions. Il ne se trouve personne qui n'ait vû, ou entendu quelque esprit en sa vie. Peu de gens vont à la source de ces erreurs populaires. On se feroit un scrupule de croire que ce sont des inventions des Prêtres Idolâtres, & Chrétiens; on a trop bonne opinion des gens d'Eglise pour leur imputer celà ; & si par hazard il se trouve un homme persuadé de la fourberie des Prêtres qui faisoient parler les oracles, pour escroquer la bourse des hommes, & les cuisses des femmes, il se trouvera cent ignorans qui ne le croiront pas. Croiez moi, Monsieur, j'en demeure à ces anciens Prêtres, pour ne pas vous scandaliser par les industries des Modernes. J'ai la marmite du Papé trop en tête pour l'empêcher de boüillir ; car elle pourroit bien être un jour ma derniere ressource, ainsi je dois me taire. Ceci mériteroit une dissertation claire & distincte ; peut-être l'aurez vous de moi quelque jour. Cependant aprenez, s'il vous plaît, qu'un * Esprit fort ne sçauroit jamais se laisser persuader qu'il y ait des Sorciers &c. sur tout en considerant qu'ils sont tous gueux comme de rats d'Eglise ; & comment est-ce que ces coquins auroient le courage de se fier à un Maître qui les laisse pendre & brûler, bien loin de leur enseigner des trésors cachez, & mille autres secrets dans le commerce du monde, qui pourroient les enrichir ? Comment peut-on croire, je vous prie, que Dieu donne le pouvoir à ces gens là d'exciter des tempêtes, de bouleverser les élemens ? On prétend

* J'apelle Esprit fort un homme qui aprofondit la nature des choses, qui ne croit rien que ce que la raison a meurement examiné, & qui sans avoir égard aux préjugez, décide sagement les affaires dont il s'est éclairci à fond.

que le diable les engage par des promesses, & qu'il fait des pactes avec eux sous seing privé; si cela étoit il s'ensuivroit que Dieu donne le pouvoir au diable de séduire les misérables mortels; ce qu'il ne sçauroit faire sans autoriser le mensonge. Ainsi, c'est insulter en forme la sagesse de Dieu, de prétendre qu'il arme l'ennemi du Genre-humain contre les hommes. Il n'apartient qu'aux cerveaux creux & propres à recevoir toutes sortes de rêveries, de croire comme des articles de foi, la méchanceté des sorciers, l'industrie des magiciens, le pouvoir des enchanteurs, l'aparition des esprits, & la souveraineté du diable, puis que tout cela ne se trouve que dans l'imagination des foux & des cagots. Il est bon que la populace se repaisse de ces chiméres; les gens qui les prêchent y trouvent leur compte partout Païs, faites un peu d'attention à ceci, & vous trouverez que j'ai raison. Il ne falloit autrefois qu'être Philosophe ou Mathématicien pour être Sorcier. Les Sauvages croient qu'une montre, une boussole, & mille autres machines sont mûës par des esprits. Car les peuples ignorans & grossiers se forment des idées extravagantes de tout ce qui surpasse leur imagination. Les Lappons & les Tartares Kalmoukes ont adoré des Etrangers, pour leur avoir vû faire des tours de gibeciére. Le mangeur de feu de Paris a passé très-long tems pour un Magicien. Les Portugais brûlérent un cheval qui faiſoit des choſes merveilleuſes, & ſon Maître l'échapa belle, parce qu'on le croioit un peu Sorcier. En Aſie les Chimiſtes ſont réputez empoiſonneurs; en Afrique les Mathématiciens paſſent pour des enchanteurs; en Amérique les Médecins ſont regardez comme des Magiciens, & en quelques endroits de l'Europe ceux qui poſſedent la langue Hébraïque ſont accuſez d'être Juifs. Revenons aux Sorciers; quelle aparence y a-t'il que ces gens-là vouluſſent donner leur ame au diable, pour les plaiſirs imaginaires du ſabat, pour empoiſonner des beſtiaux, pour faire tomber des orages de grêle ſur les bleds, pour élever des vents furieux qui renverſent les arbres & les fruits? Ne lui demanderoient-ils pas plûtôt des richeſſes? Car enfin, ſi le diable a le pouvoir de bouleverſer les élémens, & d'interrompre le cours de la nature, pourquoi n'auroit-il pas celui de tirer de l'or des mines du Perou, ou des Tréſors de l'Europe, pour faire des penſions à tous ces Sorciers, qui ſont gueux comme des rats d'Egliſe. Vous me répondrez que les piéces d'argent ſe convertiſſent dans les mains du diable en feüilles de chêne, or cette raiſon détruit le pouvoir qu'il a de faire tant de merveilles, & même celui qu'il communique aux Sorciers. Mais ſupoſons qu'il ne lui ſoit pas permis de manier de l'argent, ne pourroit-il pas, étant auſſi ſçavant qu'on la fait leur enseigner les moiens d'aquérir dans le commerce & dans les Jeux, leur indiquer les tréfors cachez ou perdus par le naufrage des Vaiffeaux, ou du moins leur donner le même fecret qu'au Magicien *Pafetes*, qui faifoit revenir dans fa bourfe l'argent qu'il avoit dépenfé? Vous trouverez des gens qui vous foûtiendront que le diable s'eft fervi de la goetie très-long-tems avant le Déluge, pour précipiter les peuples dans une idolâtrie magique; mais fi vous menez ces docteurs de conféquence en conféquence, il s'enfuivra que Dieu feroit d'une malice atroce; ce qui ne fçauroit être. Ne vous étonnez pas, Monfieur, de ce que je nie à cette heure les Magiciens, auffi-bien que les Sorciers; je le fais parce que, à mon avis, fi l'on convenoit des uns, il faudroit convenir des autres. Il n'y a point d'homme au monde qui ne prenne *Agrippa*, pour le Prince des Magiciens; cependant il ne l'étoit non plus que vous. Voici en quoi confiftoit fa Magie. Ce Philofophe des plus habiles de fon fiécle aiant donné des preuves de fon fçavoir, en prefence de la canaille de Lion, les femmes en furent fi charmées, qu'elles fe fervirent prefque toutes de lui pour coëffer leurs maris, il eut quelques Religieux Démonographes pour rivaux, qui le mirent auffi-tôt à la tête des cinq Papes que le Cardinal fchifmatique

Benno a eu l'insolence de traiter de Magiciens. Cependant, le Livre d'*Agrippa* fait autant d'impression sur l'esprit des sots, que le Grimoire, les Clavicules, & que le Haptameron de Pierre *d'Apono*. Toutes ces chiméres viennent des impertinens Démonographes, qui ont rempli toute la terre d'illusions, par malice, ou par ignorance. Je ne sçaurois lire les Livres de Jean *Nider*, de *Vvier*, de *Niger*, de *Sprenger*, de *Platine*, de *Tostat*, & des Jésuites *del Rio*, & *Maldonat*, sans les maudire éternellement, car ils soûtiennent des absurditez si contraires à la raison & à la sagesse de Dieu, que les Princes Chrétiens dévroient faire une recherche de tous ces exemplaires, pour les faire brûler par la main du bourreau, sans épargner la Démonomanie de Jean *Bodin*, le Maillet des Sorciers, & les sept Trompétes. Quelle aparence y a-t'il qu'*Eric* Roi des Gots fût surnommé *Chapeau venteur*, à cause qu'il apelloit tous les vents avec son chapeau, les faisant tourner vers la partie du monde que bon lui sembloit ? Que *Paracelse* eût une armée de diables sous son commandement ; Que *Santabarenus* fît voir à l'Empereur Basile son fils en vie, quoiqu'il fût mort, que *Michel l'Ecossois* prédît à l'Empereur Fréderic II. le jour qu'il mourroit à *Fiorenzola* dans la Poüille, que *Pithagore* fît mourir un serpent en Italie, par la vertu de certaines paroles magiques ? Cependant ces Auteurs soûtiennent cent mille fables de cette nature, comme des véritez incontestables. Mais ce que *Gervais* soûtient de la mouche d'airain de Virgile, couronne l'œuvre. Je m'étonne qu'un Chancelier de l'Empereur Othon ait pû montrer son extravagance par cette fausseté, suivie de mille autres ; cela vous fait voir que la dignité de Chancelier n'a pas toûjours la vertu de rendre sages tous ceux qui en sont revêtus. N'avons-nous pas oüi dire cent fois que le diable avoit emporté le Président *Pichon* ? Personne ignore-t'il le pacte de Mr. le Maréchal de Luxembourg ; & ne croit-on pas aveuglement que le pauvre * *Grandier* fit sortir cent diablotins de l'enfer, pour entrer dans le corps des Religieuses de Loudun ? Quelles impertinentes sottises allégue Jean *Schefer* dans son Histoire de Laponie ? Cela n'est-il pas étonnant qu'on permet la lecture de ces livres ? N'y a-t'il pas des gens assez foux pour croire ces chimères, comme des articles de Foi ? Les desabuserez-vous, & vous sera-t'il possible de les persuader qu'il n'y a point de Noüeurs d'éguillette, d'Empsalmistes qui guérissent les plaies par des paroles, des vendeurs de caractéres, qui par la vertu de cer-

---

* Curé de Loudun que la tirannie du Cardinal de Richelieu fit périr par le feu, sans avoir commis d'autre crime que celui de lui avoir déplû.

K 6

nes fioles, jarretiéres, &c. font des miracles de toutes efpeces? Non, Monfieur, vous n'en viendriez jamais à bout. On vous prendroit pour un Hérétique, ou tout au moins pour un Magicien, qui butteroit par cette fineffe à mettre à labri des pourfuites de vôtre Parlement toute la Confrairie Magique. Croiez-moi, Monfieur, tout ce que je vous écris eft pofitif, le diable n'a pas le pouvoir de fe manifefter à nos yeux; par conféquent il ne fçauroit nous attirer dans fon parti, par des conventions de Magie, ou de fortilege; cela repugneroit trop à la bonté de Dieu, qui ne tend point de piéges aux hommes déja fujets à tant d'égaremens, par leur propre mifere. Mon intention, comme vous voiez, n'eft pas de nier le diable, car je croi qu'il eft aux enfers; mais je nie qu'il ait jamais forti de ce Païs-là, pour venir faire du ravage en celui-ci. Vous aurez beau m'alleguer les paffages de l'Ecriture; je vous répondrai que fi vous les preniez tous à la lettre, vous donneriez des pieds & des mains à Dieu, & même il faudroit que vous fiffiez parler le S. Efprit comme un Iroquois. Il faut que vous fçachiez qu'avant l'arrivée du Meffie, les démons étoient des Dieux benins & tutelaires, & ce mot de δαιμονία ne fignifioit autre chofe que les bons genies. Mais les Evangeliftes les ont rendus infernaux, en leur donnant l'épithete de κακα, qui veut dire méchans. Ce qui fait que depuis ce tems-là les bons diables sont devenus malins, selon le sens litteral. Vous voiez donc, Monsieur, que je ne m'obstine qu'à nier les Sorciers, les Magiciens, les Enchanteurs, &c. Cela m'est d'autant plus facile que les Interprétes de l'Ecriture Sainte les apellent indiféremment Astronomes, Chiromanciens, & Astrologues. De sorte que par l'explication de ces mots sinonimes, ils n'ont jamais prétendu dire que ces gens-là fussent les écoliers du diable ; ceci mériteroit une dissertation fort étenduë. Car la matiére est un peu délicate. Je me contente de l'éfleurer en passant, sans m'arrêter plus long-tems à justifier des criminels d'un crime imaginaire, qu'il est impossible de commettre effectivement. Croiez-moi, Monsieur, les Magiciens sont ces filoux qui coupent adroitement la bourse, & qui décrochétent les portes avec la même subtilité ; les Spectres, les Fantômes, les Lutins, les Farfadets & les Esprits, sont ces marauts de valets qui volent de nuit les fruits du jardin, le bled du grenier, l'avoine de l'écurie, qui caressent les servantes, & peut-être, la femme de leur maître. Les Enchanteurs sont ces coureurs de ruelles, ces soupirans en titre d'office, qui sous promesse de mariage, attrapent les sottes filles, qui donnent dans le panneau de leurs enchantemens. Les devins sont ces fins Ecclesiastiques qui connoissant la foiblesse d'esprit de certains Richards, leur extorquent des legs pieux, avec leur dextérité ordinaire ; & les Sorciers sont ces faux Monoieurs dont nôtre Païs est assez fertile, aussi bien que de ces Rogneurs qui font la barbe si adroitement aux piastres & aux pistoles d'Espagne ; car c'est justement durant la nuit, & dans les lieux les plus cachez qu'ils font ces operations sabatiques. Je vous dis tout ceci pour en être bien informé. Aprés cela vous en croirez tout ce qu'il vous plaira. Je sçai que les Bearnois ont un peu de penchant à la superstition ; ils en sont redevables aux anciens membres de leur * Parlement, qui poussez d'une cruauté pire que celle de Néron, ont fait brûler tant de pauvres malheureux innocens. Si ces enragez Conseillers sont en Paradis, il est sûr que vous ni moi n'irons jamais en enfer. Croiez-moi, tout homme qui sera capable de croire les chimeres dont il est question, ne hésitera pas à gober cent mille autres fables, dont les gens d'esprit se mocquent fort sagement. Mon intention n'est pas de désabuser le vulgaire ignorant, car ce seroit vouloir prendre la Lune avec les dents. Ce n'est qu'à vous à qui j'en veux ; car vous jurez, à ce qu'on dit, que tous les Chats de la Province ont l'honneur d'être animez par les ames de ces anciens Sorciers, dont les cendres ont

* Pau Capitale du Bearn Province de France.

servi long-tems aux blanchisseuses de *Pau* pour faire la lessive. Vôtre salut ne dépend pas de cette créance. Car ce n'est pas un article de foi. On se fait grand tort à soi-même d'ajoûter foi à ces sornétes d'aparitions. C'est être ingénieux à se faire peur en se metant dans l'esprit qu'un Diable se transforme en Dogue, un Sorcier en Chat, un Magicien en Loup, & qu'une Ame du Purgatoire préne toutes sortes de figures pour mandier des priéres à des Vivans, qui sont assez embarrassez à prier Dieu qu'il les exauce eux-mêmes. Dés qu'on croit ces visions, on ne sçauroit coucher seul dans une Maison, le bruit d'un Rat sufiroit pour faire glacer tout le sang dans les veines d'un homme comme vous. Car une imagination épouvantée tremble à la vûë de ses propres chiméres. Outre le mal qu'on se fait à soi-même, on en cause beaucoup aux autres, par le recit qu'on fait de mille avantures impertinentes & ridicules. Les esprits foibles les avalent comme de l'hipocras: on intimide tellement les femmes qu'elles sont obligées de faire coucher avec elles, en l'absence de leurs maris, des gens assez résolus pour faire tête aux Sorciers, aux Magiciens, aux Spectres, &c. Les jeunes filles ne sçauroient aller verser de l'eau, si quelque Laquais bien armé ne les accompagne le flambeau à la main. Enfin, il arrive de ceci mille choses fâcheuses, dont les Voleurs, les Scelerats, & les paillards profitent avantageusement. Pour moi je jurerai de bonne foi que je n'ai jamais de ma vie rien vû, ni entendu de surnaturel, pendant la nuit, en quelque Païs que je me sois trouvé. J'ai fait tout ce que j'ai pû pour voir ou entendre quelque nouvelle de l'autre Monde. J'ai traversé plus de cent fois à minuit le Cimetiére de Quebec, en me retirant seul à la basse Ville, & je n'ai jamais rien aperçû ; mais supposons que j'eusse vû quelque fantôme, excusez la supposition, sçavez-vous ce que j'aurois fait ? Le voici. J'aurois passé mon chemin l'épée nuë sous le bras, fort tranquilement. Si le Spectre eût été à côté, & s'il se fût posté dans le milieu du chemin, je l'aurois prié fort honnêtement de me laisser passer. Vous répondrez à cela, que les épées & les Pistolets sont fort inutiles en ce cas-là ; je l'avouë, mais il seroit arrivé de deux choses l'une, qui est que si c'eût été un Spectre, ma supposition continuant, j'aurois aussi peu blessé de mon épée une Ombre, une vapeur, que cette ombre & cette vapeur auroit pû me blesser ; & si c'eût été quelque vivant sous une figure hideuse, mes armes auroient produit l'effet de châtier un insolent. Remarquez, s'il vous plaît, que dans tous les contes d'apparitions d'Esprits, de Fantômes, de Lutins, &c. Vous n'avez jamais été tué ni blessé, au moins n'en avons-nous jamais vû, si donc ces prétendus Ambassadeurs d'enfer, ont les bras si mous, pourquoi les craindrons-nous davantage que les éclairs affreux qui précedent les éclats du Tonnerre? Car enfin, un homme sage ne doit naturellement craindre autre chose que ce qui peut lui nuire directement ou indirectement. Cependant, me direz-vous, il faut qu'il y ait quelque chose à cela que je ne conçois pas, puisqu'un homme de guerre reconnu pour brave & pour intrépide en cent occasions, a tremblé, pâli, & sué de fraieur, à la vûë & au bruit d'un jeu de Fantômes vivans, qui prétendoient se divertir à ses dépens. Je conviens que cela peut arriver, puisque cela est déja arrivé à des gens de courage. Mais cela provient de ce qu'ils ont donné dans les visions dés leurs plus tendres années, & qu'ils s'y sont toûjours entretenus, sans se donner la peine de bien examiner s'il pouvoit y avoir des Spectres, ou non. Ils ont crû ce que les autres gens bornez croient de la puissance du Diable, en un mot, ces gens-là ne craignent uniquement que leur imagination. C'en est fait, je m'arrête-là, car le temps presse. Je dois travailler sans cesse à mes affaires. Dieu veüille que je ne trouve point de Chicaneurs en mon chemin, car on ne se tire pas si bien d'affaire avec eux, qu'avec les Sorciers & les Fantômes. Je vous demande une entrevuë à *Orthez*. Les papiers qui accompagnent cette lettre vous diront le fait dont il est question. Je voi que ce Païs est bon, mais, entre nous, la monnoie ni galoppe guére, c'est ce qui ne m'accommode pas ; car on ne vit pas sans argent parmi les Européans, comme on fait parmi les Hurons de Canada. Je regréte ce Païs-là toutes les fois que la marée descend de ma Bourse, pour faire place aux inquiétudes & aux soucis que j'ai pour la remplir de ce précieux métail, qui donne de la joie & de l'esprit, & toutes sortes de beaux talens aux hommes les moins hommes. Sur cela je suis,

Monsieur, Vôtre, &c.

A ERLEICH.

Le 4. Juillet, 1695.

MONSIEUR,

Our le coup je suis sauvé, aprés l'avoir échapé belle, comme vous l'aurés sans doute apris, lorsqu'on vous aura donné des nouvelles de ma fuite, dont voici le détail en fort peu de mots. J'étois prêt à me trouver au Rendez-vous que je vous avois donné à *Orthez*, & pour cet effet j'avois été à *Dax*, où je devois recevoir des papiers, qui me paroissoient fort utiles ; quand par un bonheur sans égal, une lettre d'une certaine personne de Versailles me fut renduë. Je ne l'eus pas plûtôt lûë que je pris le chemin de mon Auberge, afin de méditer les moiens de sortir du Roiaume, sans être poursuivi. Vous pouvez croire que mon Conseil fut bien tôt assemblé, car une cervelle comme la mienne n'est pas de nature à perdre le tems en délibérations. Sur ce pied, je me déterminai à donner le change à mon hôte, lui demandant par écrit le chemin d'*Agen*, où je suposai avoir quelque affaire. Le meilleur de l'affaire c'est que j'avois déja tiré de mes Fermiers près de deux cens Loüis, comme vous l'avez apris, avec un trés-beau cheval qui m'a si généreusement retiré du bourbier. Il fut question de me lever au point du jour, & de me faire conduire par une porte de la Ville, qui me menoit à toute autre route que celle dont je vous parlerai. Car, dés que je fus sorti, je pris le chemin d'*Ortez*, évitant toutes sortes de Bourgs & de Villages, passant par des Landes, dans des Champs, dans des Vignes, & dans des Bois, en suivant de petits sentiers, couchant en des maisons écartées. Je n'avois d'autre guide que le Soleil, & la vûë des Pirénées. Je demandois aux gens que je rencontrois dans mon chemin, quel étoit celui de *Pau*, enfin, pour couper court, sans m'arrêter au recit de quelques rencontres, je vous dirai que j'arrivai à *Laruns*, le dernier Village de Bearn, situé, comme vous sçavez, dans la Vallée d'Ozao. Je ne fus pas plûtôt entré dans cet impertinent Village, qu'un tas de Païsans m'investit de tous côtez. Jugez, s'il vous plaît, si je n'avois pas raison de croire que le grand Prevôt n'étoit pas loin. Cependant je me trompai, car ces coquins ne m'arrêtérent que parce que ma mine leur parut Huguenote. Ils me laissérent pourtant mettre pied à terre, dans un Cabaret, que vous auriez pris pour l'Antichambre de l'enfer, tant il étoit obscur & plein de fumée. Ce fut-là que le Curé prit la peine d'acourir pour m'interroger sur des matieres de Religion. Ce fut aussi-là où je connus que la plûpart des Curez de Village, sçavent aussi peu ce qu'ils croient que leurs Paroissiens, car après lui avoir répondu sur tous les Points dont il m'avoit interrogé il jura sur son Dieu que j'étois Huguenot. C'est ici, Monsieur, où la patience pensa m'échaper, mais à la fin considérant que j'avois affaire à des Bêtes, je crûs qu'il faloit aussi les traiter en Bêtes : il falut donc me résoudre à leur réciter des Litanies & les Vêpres du Dimanche. Cependant cela ne produisit pas l'effet que j'en attendois ; car ils s'obstinoient toûjours à me vouloir conduire à Pau ; aprè cela jugez de l'embarras où je me trouvois

Car cette infâme Canaille difoit que les Pfeaumes & les Litanies étoient les premieres prieres que les Huguenots aprenoient pour fortir du Roiaume. J'avois beau dire que j'étois Ecuïer de Mr. Sablé d'Etrées, & que j'allois joindre cet Ambaffadeur en Portugal. C'étoit *clamare in Deferto*. J'avois beau les menacer d'envoier un Exprés à l'Intendant de *Pau*, pour demander juftice de l'affront qu'ils me faifoient, & de mon retardement. Tout cela ne les touchoit point. Enfin, après avoir bien réfléchi fur l'embarras où je me trouvois, je me réfolus d'effaier tous les moiens qui peuvent éblouïr les ignorans, quoique la chofe fût difficile, parce qu'ils fe donnoient tous des airs de Docteurs. C'eft ici où je dois prier Dieu qu'il beniffe l'Inventeur du Tabac en poudre, car pendant que j'agitois mon efprit trois ou quatre-heures avec ces Marauts, je ne faifois qu'en prendre fans m'en apercevoir. Or comme j'ouvrois ma Tabatiere à tout moment, un des plus traitables Païfans de la Compagnie s'avifa de me demander à voir la peinture qui étoit dedans; laquelle repréfentoit une Dame de la Cour étenduë fur un lit de repos toute nuë, les cheveux épars. Celui-ci ne l'eût pas plûtôt vûë, que l'aiant fait voir aux autres, ils fe dirent entr'eux en *Bèarnois*, que c'étoit une Madelaine. A ce beau mot je pris courage, ne faifant pas femblant de l'entendre ; quand tout-à-coup le Curé me demanda ce que ce portrait-là signifioit. Je lui répondis que c'étoit une Sainte qui vengeroit l'insulte qu'on faisoit au meilleur de tous ses Dévots, & prenant la bale au bond, je regardai fixement cette nudité, & je forgeai sur le champ une priere à cette Sainte, suivi d'un éloge, où je lui attribuois plus de miracles qu'à tous les autres Saints de Paradis. Cette oraison jointe aux exclamations que je faisois, aveugla tellement la Troupe, que chacun baisa, tête nuë, la Dame dont il est question, avec un zéle merveilleux. Alors je cessai d'être Huguenot, d'autant plus que je continuai à invoquer cette Sainte qu'on connoît en Bearn avec la même ferveur & la même disposition à faire des miracles. Ce fût à qui pourroit obtenir ces prieres par écrit, pendant que chacun s'empressoit à l'envi de me guider dans les Montagnes, & de me fournir des Mules. Voilà, Monsieur, un détail assez plaisant des effets du Tabac en poudre. S'il sert à bien des gens pour trouver une réponse, pendant cet espace de tems qu'il lui faut pour aller depuis les doigts jusqu'au fond du nez ; il m'a servi d'une autre maniere à me tirer d'affaires, sans y penser. Quel malheur pour un honnête homme d'être obligé de profaner les Saints pour sauver sa vie ? Il est vrai que j'ai dirigé mon intention en cela. Néanmoins, j'en ai demandé pardon à Dieu. Or ceci vous fait voir qu'un mensonge bien habile fait dans l'esprit du Vulgaire ignorant, des impressions que la vérité toute nuë ne sçauroit faire. Quelle pitié qu'un Curé ne sçache pas son Catéchisme ! pendant qu'il avale des fables pour des miracles. C'est l'affaire des Evêques, & non pas la mienne : il en est de ces Prélats comme des Officiers de guerre, plusieurs le sont par faveur, plûtôt que par mérite. La plûpart s'attachent à la science de plaire à leurs Souverains, au lieu de plaire à Dieu. Vouloir réformer ces abus, c'est prétendre avaler toute l'eau de la Mer. Je n'en dis pas d'avantage ; car ceci ne me touche pas. Ainsi, je reprens le fil de mon Avanture, en vous disant que je loüai deux Mules, l'une pour mon Guide, & l'autre pour moi. Mon cheval étoit si fatigué des efforts qu'il avoit été obligé de faire pour me sauver, que la reconnoissance vouloit que je le traitasse, avec toute sorte de douceur & d'humanité, puisqu'il l'avoit si bien mérité par ses bons services. Cependant, la nuit qui me paroissoit un siécle, tant je craignois l'aproche de l'Engeance Prevôtale, me donna plus de tems qu'il n'en faloit pour demander pardon à Dieu de l'invention dont je m'étois servi, sous les auspices des Saints, pour me tirer d'affaire. Dans cette situation je mettois incessamment la tête à la fenêtre,

pour apeller l'aube du jour ; mais ce Village est si fort enclavé dans les Pirénées, qu'à peine y voit-on le Soleil au plus haut degré de son ascension, & la dixiéme partie de la voute des Cieux Enfin, las de cette manœuvre & fatigué des travaux du corps & de l'esprit, j'allois donner à la nature une heure de sommeil, pour trois jours de veille, quand j'entendis un grand bruit d'hommes & de chevaux à la porte du Cabaret. Les coups qu'ils y donnoient, & les cris qu'ils jettoient, firent glacer tout mon sang dans les veines, car je crus que tous les Archers du Roiaume étoient à mes trousses. Cependant, j'en fus quitte pour la peur ; car c'étoit des Muletiers qui alloient trafiquer en Espagne. Pendant ce temps-là mon Guide & le jour étant arrivez ensemble, nous profitâmes de la compagnie de ces Voituriers. Ce jour-là nous passâmes jusqu'à *Sallent* premier Village d'Espagne, éloigné de sept lieuës de *Sarans*, après avoir passé devant une maison qu'on apelle * *Aigues-Caudes*, où l'on prend les bains qui guérissent une infinité de maladies. Dès que j'arrivai à *Sallent*, on me conduisit dans un Cabaret sombre & ténébreux, plus propre à loger des Morts que des Vivans. J'étois si fort accablé de sommeil que je dormois debout. Mais comme les lits me parurent des greniers à poux, je fis étendre de
la

* C'est-à-dire, eaux chaudes.

la paille sur le planché, où je me jettai, a, près avoir permis à mon guide de faire aussi bonne chere qu'il voudroit, pourvû qu'il ne m'éveillât pas. En cét état, je dormis depuis neuf heures du soir jusqu'au lendemain à midi, sans m'éveiller, ensuite nous employâmes le reste du jour à chercher de quoi faire un très-mauvais repas. Le jour suivant nous piquâmes de fort bonne grace pour gagner un cabaret, où nous trouvâmes quantité de Poulets & de Pigeons, sur lesquels nous nous dédomageâmes du précedent pîte. Enfin, nous arrivâmes hier en cette Ville, qui est située dans le plat Païs, à deux lieuës des Montagnes. Tout ce que je puis vous dire, c'est que depuis *Sarans* jusqu'ici, la traverse est de 22. lieuës; & l'on ne fait que monter & décendre par des chemins si étroits, que pour peu qu'une mule bronchât, on tomberoit avec elle dans des précipices affreux. Mon guide m'a dit que la route de la Valée *d'Aspe* est plus belle, plus courte & plus commode. Mais que la plaine de *Saint Jean de pied de porc* surpasse la valée *d'Aspe*, & qu'il n'y a que huit lieuës de distance entre *Roncevaux* & le plat païs de la *Navarre*. Quoiqu'il en soit, je suis surpris que Hercule n'ait pas séparé ces Montagnes, pour la commodité des Voiageurs; comme il a fait celles de *Calpé* & *Abila* pour l'avantage des Naviga-

Tome III. L

teurs. Je pars demain à la pointe du jour, pour *Saragoça*, afin d'y arriver le même jour.

Je suis, Monsieur, &c.

A HUESCA, le 11. *Juillet* 1695.

MONSIEUR,

Depuis trois mois que je suis dans cette bonne Ville de *Saragoça*, vous m'avez écrit sept ou huit fois, en vous plaignant incessamment du peu de soin que j'ai eu de satisfaire vôtre curiosité, mais il faut vous en prendre à vous-même, & non pas à moi. Car, si vous n'aviez pas été si négligent à m'envoier ce que je reçois aujourd'hui, ma plume n'auroit pas tracé dans mes Lettres l'inquiétude de mon esprit, au lieu de vous raconter ce qui suit.

Je ne sçai si je dois apeller cette Capitale du Roiaume d'Arragon simplement belle, ou si je dois y ajoûter le mot de *très*; quoiqu'il en soit, elle est fort grande. Les ruës sont larges, & bien pavées, les maisons ordinaires ont trois étages, les autres en ont cinq ou six; mais elles sont toutes bâties à l'antique. Les Places ne méritent pas qu'on en parle. Les Couvens, qui sont ici en quantité, sont généralement beaux, & leurs jardins & leurs Eglises ne le sont pas moins. L'Eglise Cathédrale, qui s'apelle *la Ceu*, est un très-beau, & très-vaste édifice. L'Eglise de * *Nueſtra Senora del Pilar* n'a rien que de fort ordinaire en ce qui regarde l'Architecture. Il est vrai, que la Chapelle où est cette *Senora*, semble tant soit peu curieuse, parce qu'elle est soûterraine. Les Espagnols prétendent qu'elle est d'une matière inconnuë à tous les hommes. Sans cela, je la croirois de bois de noier. Cette Chapelle a trente-six pieds de longueur & vingt-six de largeur; elle est remplie de Lampes, de balustres, & de Chandeliers d'argent, aussi bien que le grand Autel, & de quantité de pieds, de mains, de cœurs, & de têtes, que les miracles de cette Vierge ont attiré dans ce lieu-là. Car vous sçavez qu'elle en fait tous les jours qui surpassent l'imagination; mais ce qu'il y a de plus solide, c'est une infinité de Pierres précieuses, d'un prix inestimable, dont sa robe, sa Couronne & sa Niche sont remplies. † Cette Ville est située sur les bords de la rivière de *l'Elbre*: qui est large comme la Seine à Paris, & bâtie sur un terrain égal & uni, étant revétuë d'une simple muraille, dégradée &

* Nôtre Dame du Pillier.
† On voit encore deux Eglises construires par les *Gots*, où il ne manque ni beauté ni solidité. On y remarque de très-belles voutes d'ogive, qui font voir que ces Peuples entendoient parfaitement bien la Stéréotomie.

déchauffée en quelques endroits. Les Arragonois estiment infiniment le Pont de Pierre qui traverse la riviere, parcequ'ils n'en ont pas vû cent autres qui sont plus beaux. Ils auroient plus de raison de regarder le pont de bois situé un peu au-dessous, comme le plus beau qui soit en Europe. On trouve dans cette Ville des Academies pour les exercices du corps & de l'esprit ; sur tout une belle Université qui ne céde qu'à celles de *Salamanca*, & de *Alcala de Henares*. Les écoliers sont généralement tous habillez comme les Prêtres, c'est-à-dire en manteau long. Mr. le Duc de *Jouvenazo* est Viceroi de ce Roiaume ; cette Dignité Triennalle me paroît plus honorable que lucrative ; car elle ne rend que six mille écus par an. L'Archevêque, en tire vingt mille de son Archevêché, mais comme il est véritablement homme de bien, il distribuë le tiers de ce revenu aux pauvres. Sa naissance est des plus obscures, cependant il a été Président d'un des Conseils de la Cour d'Espagne, peut-être est-ce à cause de l'antipatie naturelle qu'il a toûjours euë pour les François. Les Chanoines de sa Cathédrale, & ceux de nôtre Dame du Pilier retirent cent écus par mois de leurs Canonicats. * *El justitia* est le chef de tous les tribunaux de l'Arragon. C'est entre ses mains que les Rois d'Espa-

_____
* Cette Charge est à peu près celle de Chancelier.

gne trouvent une épée nuë, quand ils prêtent le serment de conserver les Priviléges de ce Roiaume, à leur avénement à la Couronne. Cette cérémonie se fait à la maison de députation, qui est un édifice merveilleux. Le *Salmedina* est une espece de Lieutenant Général Civil & Criminel. Cette charge de robe & d'épée est triénalle, aussi-bien que celle de son Lieutenant. * *L'Audiancia Real* est composée de plusieurs Conseillers qui sont aussi friands d'épices que les nôtres ; outre cela il y a cinq Jurats, qui ne conservent leur pénible emploi que deux ans. Ce sont des Juges de Police, qui se chargent du soin de la Ville. Enfin, je n'aurois jamais fait, si j'entreprenois de vous faire un détail des autres charges de ce Roiaume. Le pain, le vin, la volaille, les perdrix, & les liévres y sont à très-bon marché. Mais la viande de boucherie est extrémement chere, & le bon poisson tout-à-fait rare. Les étrangers qui passent dans cette Ville, sont réduits à se loger en certaines hôtelleries que les Espagnols apellent *Mesan*, où les hôtes ne fournissent aux passans que la chambre & le lit, l'écurie, la † paille & l'orge. Il est vrai que les valets ont soin d'acheter ce qu'on veut manger, & d'accommoder les viandes de la maniere qu'on leur ordonne, pourvû que ce soit simplement

* Parlement.
† Il n'y a ni foin, ni avoine en Espagne.

à boüillir ou à rôtir. Les vins d'Arragon sont doux & forts, sur tout le vin rouge; car le blanc a moins de force & de douceur. Il n'y a d'autre divertissement ici pendant l'Eté que la promenade. Les Cavaliers & les Dames sortent séparement de la Ville, vers le soir. Mais c'est moins pour prendre le frais que pour prendre le chaud. L'Hiver on a le plaisir de la Comédie, où l'on dit que les Prêtres & les Moines vont sans scrupule. Mr. le Duc de Jouvenazo tient tous les soirs assemblée chez lui; on y raisonne, & on y boit des liqueurs ou du Chocolat. Les gens de la premiere qualité s'y trouvent presque toûjours. Ils sont honnêtes & affables au dernier point. Ils m'ont donné des marques sensibles d'amitié, & la plus grande est de m'avoir régalé dans leur maison; c'est ce qui me fait voir qu'ils ne sont pas si farouches qu'on me les avoit dépeints. J'avouë qu'en public les souris ne dérident jamais leur front, & que la familiarité de la joie ne leur fait rien rabattre de leur gravité affectée: mais dans le particulier ce sont les plus jolis gens du monde, c'est-à-dire les plus enjoüés & les plus vifs. Les Arragonois sont presque tous aussi maigres que moi. De-là, Monsieur, vous pouvez juger de leur bonne mine. Ils disent que cela provient de ce qu'ils transpirent beaucoup, qu'ils mangent & dorment peu, qu'ils ont les passions de l'ame vives

& fortes ; & qu'enfin ils diſſipent les eſprits influens par des exercices que les François ne font pas ſi ſouvent qu'eux. Leurs viſages ſont auſſi pâles que le mien. Peut-être ces mêmes exercices en ſont-ils la cauſe, au moins Ovide le croit ainſi, *palleat omnis amor, color eſt hic aptus amandi.* Leur taille paſſe la médiocre. Leurs cheveux ſon châtein obſcur, & leur tein eſt auſſi clair que celui des Bearnois. Tout ce que je viens de vous dire à leur égard, ſe peut entendre auſſi de leurs femmes, dont la maigreur ne va pourtant pas ſi loin. On ne peut pas convenir qu'elles ſoient belles, mais on ne ſçauroit s'empêcher d'avouër qu'elles ſont aimables, ſi la nature leur a été chiche en gorge & en front, elle leur a prodigué de gros yeux étincelans, ſi pleins de feu qu'ils brûlent ſans quartier, depuis les pieds juſqu'à la tête, les gens qui s'en s'aprochent. Elles ſont très-obligées à *Theuno* femme de *Pithagore*, de leur avoir apris que les perſonnes de leur ſexe ne ſont nées que pour l'agréable métier d'aimer, & d'être aimées. Cette douce morale s'accorde parfaitement bien avec leur complexion. Auſſi la pratiquent-elles à merveilles. Car dès le matin elles courent aux Egliſes, plûtôt pour conquérir des cœurs, que le Paradis. Elles n'ont pas plûtôt dîné qu'elles vont chez leurs amies, qui ſe rendent ſervice réciproquement dans leurs galanteries, en favoriſant l'entrée de leurs amans chez les unes & chez les autres, avec bien de la ruse & de l'artifice. Il s'agit ici de finesse, car la vertu des femmes consiste ici plus qu'ailleurs à bien cacher son jeu. Leurs maris sont clairvoians, & pour peu que l'intrigue soit découverte, elles courent grand risque de faire le voiage de l'autre monde, à moins qu'elles ne se sauvent dans un Convent. Il n'y a qu'un mois & demi que je vis poignarder une fille par son propre frere, dans une Eglise, au pied de l'Autel, pour avoir entretenu quelque tems un commerce amoureux. Il partit exprès de Madrid pour faire ce bel exploit, dont il fut châtié par deux mois de prison. On n'a fait ici que dix-huit ou vingt assassinats de guet à pend depuis que j'y suis; parce que les nuits sont un peu trop courtes. Mais on m'a dit qu'il ne se passe guére de nuit en Hiver, qu'il ne s'en fasse deux ou trois. Il est vrai que ce sont des gueux & des misérables de deux Paroisses de la Ville, qui s'insultent de cette maniere-là. Ce sont de vieilles inimitiez qui les portent à cette extrémité. Ce désordre provient de ce qu'il faut de grandes preuves pour condamner un homme à mort. Et de ce que les criminels condamnez se prévalent des priviléges du Roiaume pour prolonger l'exécution d'un terme à l'autre. Ce qui fait qu'à la fin ils en sont quittes pour les Galéres, d'où ils sortent ensuite par mille sortes de voies. De sorte que si quelque forte partie ne presse les Juges, ils se sauvent toûjours de la corde. On ne sçait ce que c'est que de voler dans les ruës, & ces meurtres ne se font jamais dans cette vûë-là. Je me suis souvent retiré seul de chez le Vice-Roi à onze heures, ou à minuit, sans qu'on m'ait insulté; il est vrai que j'ai cessé de m'y exposer, sur le conseil que les gens de qualité me donnérent de marcher toûjours accompagné, de peur que ces assassins ne me prissent pour un autre. Quoiqu'il en soit, il n'y a rien à craindre pour les gens de quelque distinction, à moins qu'ils ne se trouvent envelopez dans quelque intrigue amoureuse; car alors on court risque d'être poignardé dans les ruës en plein midi. Il faut donc être sage ou s'abandonner aux courtisanes, pour éviter ce malheur. Or de ces deux moiens le premier est le meilleur, puisqu'il conserve également la bourse & la santé. La noblesse d'Arragon est assez riche; mais elle le seroit davantage si les Païsans de ce Roïaume étoient aussi laborieux que les nôtres. Ces paresseux se contentent de faire labourer leurs Terres, semer, & recueillir leurs grains, par des * Gavachos dont l'Espagne est infectée. La populace conjecture que la France est le plus mau-

* Epitéte qu'ils donnent aux François, & qui dans le fond ne signifie rien du tout.

vais Païs du monde, puisque les François le quittent pour venir dans le leur. Il est vrai que les Laboureurs, les Coupeurs de bled, les Bucherons, & les gens de tous Métiers, sans compter les Cochers, les Laquais & les Porteurs d'eau sont presque tous Bearnois, où Languedochiens, ou Auvergnats. On trouve ici quelques Marchands Bearnois, qui se sont enrichis par le commerce de France, qui, malgré la guerre, se fait encore assez ouvertement. Si les Arragonois avoient du sang aux ongles, & qu'ils voulussent enrichir leur païs, il leur seroit facile d'en venir à bout. La Riviére d'Ebre est navigable pour des Grands bâteaux plats comme ceux de la Seine, depuis *Tortaza* jusqu'à prés de *Mirandébro*. Cinquante personnes qui sont décenduës m'ont assûré qu'il y restoit en Eté trois pieds d'eau dans les endroits les moins profonds, & que d'ailleurs son courant est trés-paisible ; tellement que la seule dificulté ne consiste qu'à faire des chemins le long du rivage, pour hâler ces bâteaux en la remontant. Les François emmenent ici quantité de Mules & de Bidets, sur quoi ils gagnent cent pour cent, tous frais faits. Ces Mules servent pour tirer les Carosses & les * *Galeras*, car celles d'Estramadure sont chéres, & ne réüssissent pas ici,

* Grandes Charetes, qui portent 80. quintaux & qui sont tirées par huit Mules.

comme dans les Païs Méridionaux de l'Espagne. A l'égard des Bidets, on les débite ordinairement mieux dans le Royaume de Valence, où les Païsans s'en servent à des usages diferens. Les Carosses de ce païs ont, à peu prés, la figure des Coches de France, & ils vont d'une si grande lenteur, qu'ils ne feroient pas le tour de la Ville dans le plus grand jour de l'Eté. La Mode d'aller en visite à Cheval est ici comme en Portugal, & les Gentilshommes & les Officiers de guerre sont habillez à la Françoise; ils trouvent que l'habit à l'Espagnole est insuportable, à cause de la *Golilla*, qui est une espece de Carcan, où le cou se trouve tellement enchassé, qu'il est impossible de baisser ou detourner la tête. L'habit des Femmes paroît un peu ridicule aux Etrangers, quoiqu'ils ne le sont pas dans le fond. Je trouve à l'heure qu'il est, celui des nôtres cent fois au dessous; les Espagnoles ne sçauroient cacher aucun défaut de nature. Leur taille, leur grandeur, & leurs cheveux, paroissent tels qu'ils sont; car elles ne portent ni coëffes, ni talons, ni corselets de baleine. Si les Françoises étoient obligées de prendre cette mode-là, elles ne tromperoient pas tant de gens, par leurs tours de cheveux, leurs talons, & leurs fausses hanches. Il est vrai qu'on pourroit un peu reprocher aux Espagnoles de montrer à découvert la moitié de leurs bras, & de leurs épaules; mais en même temps il ne faudroit pas épargner les Françoises, qui affectent d'étaler deux piéces plus tentatives & plus animées. Car dés qu'on alléguera que les unes scandalisent par derriére, on aura le même droit de répondre que les autres scandalisent par devant. Au reste, si les Femmes sont gênées, elle ont l'agrément d'être fort considérées. Car dés qu'elles passent dans les ruës à visage découvert, en Carosse, ou à pied, on s'arrête pour leur faire une révérence; à quoi elles répondent par une inclination de tête, sans plier le genou. Leurs Ecuiers, qui sont des Vieillards hors de soupçon, leur donnent la main nuë, car c'est la mode Espagnole. Ce sont les seuls qui aïent l'avantage de toucher leurs mains, car quand un Cavalier se trouve par hazard dans une Eglise auprès du Benitier, & qu'une s'y presente, il trempe son Chapelet dans l'eau benite, pour lui en offrir. Il en est de même à la danse, ce qui n'arrive guére souvent. Car le Cavalier & la Dame ne se tiennent que par les deux bouts d'un mouchoir. Vous pouvez juger de-là combien le salut du baiser y paroît choquant. Il faut que je vous fasse connoître que les Espagnols ne sont pas si farouches qu'on le publie, en vous donnant en même temps un petit détail de leurs repas. Un Gentilhomme que je voïois très-souvent chez le Viceroi, & dans les Académies, m'aïant honoré d'une visite, je répondis à son honnêteté de la même maniére. Il me reçût au haut de l'escalier, & m'aiant conduit dans une Salle où nous nous entretînmes une demi-heure, je lui demandai comment se portoit son Epouse, mais il me répondit qu'il la croyoit en assez bonne santé pour nous recevoir dans sa Chambre. Aprés cela voiant paroître le Chocolat & les biscuits, ce Gentilhomme se leva pour m'introduire dans la Chambre de sa Femme, qui s'étant tenuë debout pour recevoir nos révérences, s'assit sur son *Sofa*, pendant qu'on nous donnoit des chaises. Je lui dis que j'étois fort obligé à son Mari de m'avoir procuré l'honneur de la saluër; elle me répondit qu'il me regardoit comme Espagnol, & comme Ami; ensuite aiant pris le Chocolat, elle me demanda si je le trouvois bon, & si les Dames de France n'en prenoient pas. La conversation ne dura qu'un demi quart-d'heure, car comme je craignois de pécher contre les formalitez Espagnoles, je me levai, je la saluai, & je sortis de la Chambre avec son Mari, qui me pria de dîner avec lui. Nous nous promenâmes pendant ce tems-là dans son Jardin, & aprés avoir fait mener ses chevaux devant moi, nous remontâmes dans une Sale où le couvert étoit mis. Un moment après la Dame parut, entra, & après avoir salué à sa maniere, elle prit sa place d'un côté de la * Table, & nous de l'autre. On servit d'abord des Melons, des Raisins, des Pavies, & des Figues; ensuite on nous donna chacun nos *pitame* à la maniere des Moines, consistant en ce qui suit; des cotelettes rôties dans le premier plat; une perdrix & un pigeon aussi rôtis dans le second, un lapreau en pâte dans le troisiéme, une fricassée de poulets dans le quatriéme, des † Oronges environnées de petites Truites longues comme le doigt, dans le cinquiéme; & une Tourte d'abricots dans le sixiéme. Après-quoi l'on porta des boüillons jaunes comme le safran, dont ils étoient remplis. Voilà, Monsieur, en quoi consistoit la portion de chacun de nous. Cependant nôtre conversation ne roula que sur les Françoises. La Dame prétendoit que la grande liberté que les hommes ont en France, d'entrer chez les Femmes, de joüer, & de se promener avec elles, exposoit les plus sages & vertueuses à être deshonorées par des indiscrets, & des médisans; qui pour se faire valoir gens à bonne fortune, diffament celles

---

* Table séparée par dessous avec des planches, afin que les pieds des Conviez ne se touchent pas.

† L'espece des champignons rouges dessus & jaunes dessous.

qui leur résistent. Enfin, après avoir bien déclamé contre les Maris, qui digérent paisiblement ces affronts, au lieu de se venger, nous sortîmes de Table. Elle fit son salut ordinaire, en se retirant dans sa chambre. Cependant je fis aussi ma retraite. Le Gentilhomme marcha toûjours devant moi, jusqu'à l'escalier, où il s'arrêta du côté gauche, afin de me laisser la main, en lui disant adieu. Il attendit que je fusse au pied de l'escalier pour recevoir un coup de chapeau ; ensuite nous nous perdîmes de vûë l'un & l'autre. Je vous raconte cette avanture pour vous faire connoître la maniere dont les Espagnols en usent envers leurs Amis. Si cent Gentilshommes m'avoient régalé, il n'y auroit aucune diférence de ce que je vous ai dit, si ce n'est, peut-être, en la bonne chere. Car pour la cérémonie, c'est toûjours la même chose chez les uns, comme chez les autres. Ainsi, par cette Description vous sçavez tout ce qui se pratique en Espagne, en pareille occasion. Je croi vous avoir dit que les Espagnoles nous traitent d'indiscrets; elles n'ont, peut-être, pas tout le tort. Car toutes les Femmes de l'Europe tiennent le même langage. Voici quelques vers Espagnols qu'un fou de Poëte a faits sur cette matiere, il y a cinquante ans.

Los discretos Espagnoles.
Los maridos Zelozos ;
Hazen en Cpllados Gozos.
Orejas de Caracoles.
No son tales los Francezes,
Tanto no pueden cubrir,
Antes mas quieren mil vezes,
No hazer, que no dezir.

Cela veut dire en bonne prose ; que *les discrets Espagnols aident aux Femmes à coëfer leurs Maris, par des embrassemens secrets. Que les François au contraire ne peuvent rien cacher, car ils aiment mille fois mieux ne pas faire le coup, que de ne pas le dire.* Voilà, Monsieur, à peu près, le raisonnement de ce Huron, qui prétend que nous faisons gloire de païer les faveurs des Dames avec une ingratitude qui ternit leur réputation de fond en comble. Cet avis peut leur aprendre à ne se pas fier à des évaporez. Une Femme d'esprit ne sera jamais embarrassée à connoître le Caractere d'un homme, lorsqu'elle voudra s'en donner la peine. Les jeunes gens sont foux, cependant les Dames les préférent aux gens sages, parce que la Sagesse ne leur vient qu'à l'âge où la nature commence à filer doux. La Langue indiscrette des jeunes Cavaliers fait un tort considérable à leurs Maîtresses ; mais les Femmes de chambre & les

Confidentes n'en font pas moins. Les Femmes se perdent souvent elles-mêmes pour ne pas prendre assez de précaution envers leurs Domestiques. J'apelle une femme sage celle qui sçait bien cacher ses folies. C'est un des premiers talens des Espagnoles, Lesquelles font en cela beaucoup de grace à leurs Maris, car enfin le coup ne fait que le cocu, au lieu que le bruit fait les Cornes. Sur ce beau mot, je finis ma lettre, en vous priant de m'écrire à *Bilbao*, où je dois aller au premier jour. Delà je côtoierai par terre ou par mer, les côtes maritimes jusqu'en Portugal, afin de connoître les Ports & les Havres dont on m'a parlé tant de fois. Cette découverte me fera plus de plaisir que si je voiois les plus belles Villes du monde. Cela vous fait voir qu'il ne faut pas disputer des goûts.

Je suis, Monsieur, vôtre, &c.

A SARAGOZA, le 8. Octobre 1695.

www.ingramcontent.com/pod-product-compliance
Lightning Source LLC
Chambersburg PA
CBHW070631170426
43200CB00010B/1984